समय चक्र

पीयूषजी का जन्म 24th जुलाई 2024

संध्याकाळ 4 :14 Minute..

शहर"अलाहबाद।

सबसे पहले इस soul Journey की यात्रा में अपने दादाजी और नानाजी को बहुत बहुत धन्यवाद जिनका आशीर्वाद मेरे साथ है।

स्वर्गीय श्री नाथूराम रितोरिया

स्वर्गीय श्री रामचरन वर्मा

"ॐ श्री गणेशाय नमः"

प्रारम्भ से प्रारब्ध तक

पीयूषजी की यात्रा

अंजना रितोरिया

notionpress.com
INDIA • SINGAPORE • MALAYSIA

ISBN 979-8-89475-025-5

पीयूषजी की"प्रारम्भ से प्रारब्ध तक" की यात्रा लिखने में हमारे पूरे परिवार का योगदान है पर मैं सबसे पहले अपने Brother जीतेन्द्र रितोरिया को धन्यवाद करना चाहूंगी, जो सबसे बड़े माध्यम है हमें पीयूषजी से जोड़ने में।

आप सबको मेरा और मेरे भाई की तरफ से हार्दिक नमस्कार और मैं और मेरे भाई आप सबको ले चलते है पीयूषजी की"प्रारम्भ से प्रारब्ध तक" की यात्रा में।

आप इसे open mind से पढ़े या मैं चाहूंगी की Earth के Higher Dimensions के बारे में जानकारी लेकर पढ़ेंगे तो बहुत ही अच्छे से इस किताब और soul के तथ्य

समझ पाएंगे।

इस किताब में जो भी बताया गया है वह हमारा निजी अनुभव है जब हमने किसी soul का आह्वान किया और पीयूषजी की यात्रा पूरी तरह से पीयूषजी की आज्ञा से Publish कर रहे है।

इस किताब को लिखने का उद्देश्य पीयूषजी को दिल से धन्यवाद, उन्होंने जिस तरह से हमें guide किया और जितने भी काम उन्होंने soul form में किये, साथ ही साथ उन्होंने हमें कई जानकारी दी है हमारी और हम सबकी Soul Journey के बारे में जो हमें physical form में नहीं मिल पाती, वह सब जानकारी हमें प्राप्त हुई जिस से हम सब नासमझी में अपना जीवन व्यर्थ न करें।

अगर इस किताब से मैं आपको कुछ भी समझा पाऊं और आपकी soul Journey में आपको किसी भी तरह का सहयोग कर पाऊं तो पीयूषजी की यात्रा भी सफल होगी और मेरा लिखना भी।

चलिए ले चलते है आपको पीयूषजी की यात्रा में.

"प्रारम्भ से प्रारब्ध तक"

Gratitude and Dedication

सबसे पहले अपनी माता श्रीमती द्रोपदी रितोरिया को प्रणाम और दिल से धन्यववाद मेरी यात्रा को इतना सफल बनाने के लिए, Soul Journey की यात्रा में सबसे बड़ा योगदान उन्ही का जिन्होंने मेरी soul को इस पृथ्वी पर लाने का कार्य किया, मेरी soul Journey की पहली सीढ़ी थी इस पृथ्वी पर जन्म।

मेरे पिता श्री रामस्वरूप रितोरिया का आशीर्वाद"सफलता तुम्हारे कदम चूमे" जो ४० से ४० करोड़ से शुरू हुआ और आज तक हर रोज़ उनका आशीर्वाद मिल रहा है और अपनी Soul Journey में मैं सफलता पूर्वक आगे बढ़ती जा रही हूँ। मेरे माता पिता दोनों को दिल से धन्यवाद.

माता पिता के बाद जो जिंदगी की सीख देने वाले है, जिनके आशीर्वाद और लगातार मिले मार्गदर्शन की वजह से आज मैं यहाँ पहुंची हूँ, जो समय समय पर मुझे मेरी गलतियां बताते गये और मेरा प्रारब्ध भी बताते जा रहे है, जिनका आशीर्वाद मेरे साथ हमेशा से है। गुरूजी आपको मेरा कोटि कोटि प्रणाम और दिल से धन्यवाद, राह दिखाने के लिए और मेरी इस मंज़िल पर समय समय पर रौशनी डालने के लिए।

घर के बच्चे अभिषेक, आयुषी और हर्षित, प्रवेश, प्रियाशा और Apple लगातार मेरी इस Soul Journey में सहयोग दे रहे है, इन सबको मेरा दिल से धन्यवाद और सबकी सफलता के लिए आशीर्वाद।

मेरे तीनो भाइयों वीरेन्द्र, धीरेन्द्र, जीतेन्द्र और आशीष गुप्ता अब जो रितोरिया परिवार का हिस्सा बन चुके है सारे भाइयों का support मेरी और उनकी Soul Journey दोनों के लिए सहायक है, आशीष आपको भी दिल से धन्यवाद जिस तरह से आपने मेरी सबसे बड़ी जिम्मेदारी का जिम्मा लिया Happiness Center। आपके और जीतेन्द्र

भैया के साथ Happiness Center का पूरा staff मेरी इस Journey में पूरा सहयोग दे रहा है। आपके सहयोग से यहाँ तक पहुंचना बहुत ही आसान हुआ।

मेरी Team AR भी मेरे ही परिवार के सदस्यों से बनी है, फर्क नहीं पड़ता परिवार के सदस्स्य है या किसी और परिवार में जन्म लेकर रितोरिया परिवार का हिस्सा बन गये या ये कहले हम सब अपनी अपनी यात्रा कर रहे है और एक दुसरे की Soul Journey में एक दुसरे को support करना ही हम सबका प्रारब्ध है।

आयुषी मेरी भतीजी और मैनेजर जो अब मेरी ही तरह मेरे काम को संभालती है, सोनाली मैनेजर जिसके साथ अंजना रितोरिया ने अपने काम की नीव डाली थी, आप दोनों का दिल से धन्यवाद।

अभिषेक और प्रवेश मेरे भतीजे और हर्षित दामादजी ये सब बच्चों का support बुआ के साथ हमेशा रहता है, वैसे ये अपनी अपनी field में expert है पर फिर भी टीम AR है। आप सबको ढेर सारा आशीर्वाद और धन्यवाद।

Apple मेरी बेटी, सुहैल खान मेरे बेटे और कुंदन और यूडी दो बेटे हिमाचल और उत्तराखंड से जिनका सपोर्ट लगातार बना हुआ है। सबको मेरी यात्रा में support करने के लिए दिल से धन्यवाद।

प्रियाशा मेरी छोटी भतीजी और Apple मेरी बेटी दोनों की अभी पढ़ने की उम्र है तो जैसा भी सपोर्ट कर पाते है करते है, इसलिए टीम AR कहलाते है।

पर इस किताब को लिखने में और proof reading में सहायक बनी प्रियाशा को धन्यवाद और ढेर सारी आशीर्वाद।

मेरी Anjana Army को कैसे भूल सकती हूँ जो समय समय पर मेरे साथ खड़ी है और मेरी ज़िम्मेदारियों को दिल से निभा रही है, दुनिया में हर घर में खुशियाँ लाने का काम मैं अकेले नहीं कर सकती पर आर्मी है तो पूरा यकीन है कि हम सब मिल कर कर पाएंगे। Thank You Anjana Army।

इस किताब का Title"प्रारम्भ से प्रारब्ध तक" का श्रेय Army दीपा को देना चाहूंगी जब पीयूषजी के साथ इस बुक को लिखने की Planning चल रही थी, अचानक दीपा की

लिखी हुई दो किताबों का Title प्रारम्भ और प्रारब्ध से ये Title सूझा और अचानक Wow की Feeling आयी और कर लिया Decide, Thank you दीपा।

Last but not the Least मेरे सारी Youtube family को दिल से धन्यवाद मेरा साथ देने के लिए, आपका Appreciation, प्यार और पूरा Support मुझे मेरे काम के लिए प्रोत्साहित करता है, आपकी मुझसे आशा मुझे ईश्वर से Connect करती है जिस से मैं आप सबकी उम्मीदों को पूरा कर सकूँ। अपना प्यार ऐसे ही बनाये रखे, दिल से धन्यवाद आप सबको और ढेरों आशीर्वाद आपकी सफलता और खुशियों के लिए।

Contents

Introduction

2014 अप्रैल, मैं इंदौर में थी Apple की fees नहीं pay की थी, घर का Rent भी नहीं दिया था, बहुत परेशान थी कुछ समझ नहीं आ रहा था क्या करे?

जब कुछ समझ नहीं आता तब भगवान् याद आते है पर वह आकर खुद कुछ नहीं बताते ऐसे में भगवान् जैसा कोई आकर बोलै"सब ठीक हो जाएगा"।

बस तसल्ली मिल गयी थी, कि सब ठीक हो जाएगा, एक Hope जब कोई कह दे आकर कि सब ठीक हो जाएगा।

जी हां, बस यही कहा था पीयूषजी ने और वाक़ई में ठीक हुआ, रास्ते खुलते गए, सब ठीक होता जाता। मैं जब जब परेशान होती और कुछ समझ नहीं आता तो भगवान् से कहने के बाद, सिर्फ भगवान् जैसे पीयूष जी से बात करती, उन्हें सब बताती, परेशान single Mother को पीयूष जी कोई हल नहीं बताते थे बस कह देते थे सब ठीक हो जाएगा और हमेशा सब ठीक होता जाता था

बस यहीं से शुरू हुआ पीयूष जी से हमारा एक विश्वास का रिश्ता, एक आशीर्वाद का रिश्ता, इंसानियत का रिश्ता।

आज पूरे 11 वर्ष हो गए 2014 के अप्रैल महीने से 2024 अप्रैल, अब पीयूषजी का जाने का वक़्त आ गया, जाने का वक़्त कहूं या आने का, क्यूंकि Soul form से, Non Physical form से अब फिर एक बार पीयूषजी आने वाले है इसी पृथ्वी पर 3rd dimensional Earth पर physical form में एक नए शहर में, एक नए परिवार में, एक नए शरीर के साथ।

24th जुलाई 2024 शाम 4 बजे अलाहबाद में उनका जन्म होने वाला है एक मुस्लिम परिवार में, आज 14 मई को सुबह 4 बजे ये कहानी इस पन्ने पर उतार रही हूँ, कहानी या हकीकत जो नाम देना चाहे, जैसे पढ़ना चाहे, आपकी मर्ज़ी.

पर मेरे लिए ये एक यात्रा है, आँखों देखि यात्रा, पीयूषजी की यात्रा, "प्रारम्भ से प्रारब्ध की" यात्रा।

पीयूष जी का जन्म तो उन्हें याद नहीं कि किस वर्ष हुआ था पर उन्हें उनका अंतिम समय याद है कि Mumbai में 1972 में एक Accident में उनकी मृत्यु हुई थी जब उनकी उम्र ५२ वर्ष थी। इस बात से उनका जन्म वर्ष 1920 होना चाहिए।

पर पीयूष जी आज मात्र 52 वर्ष के नहीं है 1972 में इस शरीर को छोड़े हुए लगभग 52 वर्ष ही हो चुके है, तो अगर पीयूष जी कि Soul Age देखा जाए तो 100 वर्ष के भी ऊपर है और अब जाकर पीयूष जी फिर एक बार इसी दुनिया में लौटने वाले है फिर एक बार Physical form में एक बच्चे के रूप में, फिर एक यात्रा करने, जो यात्रा अब"प्रारम्भ की नहीं होगी बल्कि सिर्फ प्रारब्ध"की ही होगी।

दोस्तों मैं जानती हूँ जो मैं बताना चाहती हूँ आपको, अभी आप शायद कुछ भी न समझ पाए, पर सब समझने के लिए शुरू से ही शुरू करनी होगी"प्रारम्भ से प्रारब्ध तक" की कहानी, कुछ पीयूषजी की कहानी, कुछ मेरी भी कहानी।

तो चलिए शुरू करते है पीयूष जी कि यात्रा को पढ़ने की और हो सके तो समझने की।

मैं पूरी कोशिश करुँगी आपको ठीक से समझाने की पर इस वक़्त आपको समझाने के साथ ये एक ज़िमेदारी भी है, इस किताब को मैं पीयूषजी के जन्म से पहले प्रकाशित कर पाऊं और वह इसी फॉर्म में अपनी यात्रा को पढ़ सके, देख सके और गर्व कर सकें उनकी इस यात्रा पर जिसका कोई अंत नहीं है बल्कि उनकी कहानी अनंत है, क्यूंकि दोस्तों कई कहानी का कोई अंत नहीं होता वह एक उद्देश्य से प्रारम्भ होती है और प्रारब्ध तक पहुँचती है।

तो आइये शुरू करते है

प्रारम्भ से प्रारब्ध तक

"पीयूषजी कि यात्रा"

दोस्तों ४० से ४० करोड़ और करोड़ों की बातें लिखने के बाद तीसरी किताब“मैं हूँ से मैं हूँ न” को बीच में बंद करके ये लिखना जरूरी हो गया।

मुझे एक जिम्मेदारी दी गयी या ये कह ले मैंने ली है ये ज़िम्मेदारी, किसी को धन्यवाद कहने की, किसी के बारे में आप सबको बताने की, और इस दुनिया को ये बताने की, इस दुनिया को छोड़ने के बाद भी एक दुनिया है, जो जन्म और मृत्यु के बीच की एक कड़ी है जिसे हम सब जानते है पर कई बार और जानना चाहते है, कई बार बहुत कुछ सुनते है, जानते भी है पर मानते नहीं है।

दोस्तों आप सब से जब मेरा परिचय हुआ तब मैं महज़ एक Author थी, उसके बाद life coach बनी और उसके बाद एक Blessings बनकर आज मैं कई दिलों और कई घरों में कभी अपनी किताब के रूप में और कभी फोटो फ्रेम के रूप में विराजमान हो चकी हूँ।

Author से Blessings और अंजना mam से अंजना माँ का सफर ४८ वर्ष में ही शुरू हो चूका था जब दो बेटों ने रिश्ते में अपनी माँ कहा और फिर कई स्टूडेंट्स ने अंजना माँ कहकर संभोदित करना शुरू कर दिया। जब कोई माँ कहे तो आशीर्वाद आपकी ज़िम्मेदारी बन जाता है और बच्चो की खुशियां आपके सपने।

यही हुआ मेरे साथ, जैसे जैसे youtube पर सब माँ कहकर आशीर्वाद लेते रहे वैसे वैसे आशीर्वाद के रूप में कई बच्चियां कई वर्षों बाद माँ बनी तो कई महिलाओं को वर्षों पुरानी बीमारी से अचानक आराम मिला, जब मैंने उन्हें कुछ रंगीन गोलियां दी gems की।

देखते ही देखते Gems की गोलियां राहत देने लगी, क्या जादू था समझ नहीं आ रहा था, मैं तो बस अपना काम कर रही थी वह काम जो मेरा inner-being मुझे देता गया या ब्रह्मांड जिस काम के लिए मुझे चुनता गया।

बिना किसी संदेह के जब दिल से जो आवाज़ आयी, मैं वही करती गयी और आज देखती हूँ जब मैं अब अपने पचास वर्ष पूरे करने जा रही हूँ.

Sep 2023 में तो कई Unfoldings हुई, कई राज सामने आये पिछले जनम के। जिस से बहुत कुछ समझ आया कि ये महज़ सयोंग नहीं है बल्कि सोच समझ कर लिखी गयी कहानी थी ब्रह्माण्ड या कहले भगवान् की।

कहते है जब आपके पास गुरु होता तभी गति होती है, मेरे गुरुजी भी समय समय पर मुझे मेरे ही बारे में कई राज बताते गए और जैसा जैसा उन्होंने बताया वह भविष्य में होता भी गया।

मेरे गुरूजी मुझे बताते गए कि भविष्य में ऐसा होगा और होता गया, उनकी कही कितनी बातें वैसे ही सच होती गयी, पर कई सवाल मन में उठते थे पर सही जवाब कभी नहीं मिला कि मैं हूँ कौन और ये सब क्या हो रहा है।

पिछले 5 साल के इन अंतराल में मेरी life coaching से विश्व में कई परिवारों को मेरे काम पर तो किसी को मेरे नाम पर भरोसा हुआ, तो किसी को मेरे आशीर्वाद पर भरोसा हुआ और ये सब इतना जल्दी हो रहा था कि कुछ समझ नहीं आ रहा था, मैंने Life Coaches के जीवन में ये सब होते नहीं देखा था।

मेरे साथ जिस तरह के अनुभव हो रहे है, ऐसा प्रतीत हो रहा है जैसे ये सब पहले से ही लिखा गया है या पहले भी किया गया है इसी तरह का अनुभव पर ये अनुभव इन पिछले 49 वर्षों का तो याद नहीं, इस जन्म में तो आशीर्वाद की कहानी अभी ही शुरू हुई है, शायद ये अनुभव पहले का है, पहले से मेरा अर्थ है पिछले जन्म का।

जिस तरह के अनुंभव हो रहे है और जिस तरह से मेरे आशीर्वाद से कई परिवारों को आराम मिल रहा है, यहाँ तक तो ठीक है, आश्चर्य तो तब हुआ जब कई परिवारों में मेरे Photo Frame के आगे प्रार्थना की जाने लगी और वह प्रार्थना परमात्मा ने स्वीकार भी की, कई बार तो सफलता की कहानी कुछ लोग ने इस तरह सुनाई कि उन्होंने सिर्फ नाम के Initials लिख दिये" AR" अपनी Wishes को पेपर पर लिखने के बाद और कई सफलता की कहानी AR 239 जो कि मेरी जन्म दिवस 23 rd sep है, वह भी लिखा और उनकी Wishes पूरी हुई।

परमात्मा सुनते गए और स्वीकार करते गए हर wish, जिसके आगे मेरा नाम लिख दिया या मेरी फोटो के आगे अर्जी लगा दी, ये सब बहुत ही आश्चर्य करने वाले प्रकरण थे मेरे लिए और प्रश्नचिन्ह भी। क्यूंकि ये सब कुछ और है जो साधारण नहीं है और जैसे जैसे कई परिवार अपने अनुभव सुनाते गए मेरी जिज्ञासा बढ़ रही थी इसलिए नहीं कि ये कैसे हो रहा है बल्कि इसलिए कि मैं हू कौन?

बहुत बड़ा सवाल था क्यूंकि ये सब बढ़ता जा रहा था, 2021 से जब से Webinars लेना शुरू किया तब से सफलता की कहानी कुछ ऐसी ही थी सबको आशीर्वाद से फल मिलता जा रहा था और मैं Life coach से Blessings बनती जा रही थी।

आश्चर्य जब हुआ जब मुंबई शहर में मेरा पहला सेमिनार था, 350 से भी ज्यादा Participants आये थे, जिनमे से कई परिवार और students ज्ञान नहीं बल्कि मेरी ENERGY और आशीर्वाद लेने आये थे, क्यूंकि ज्ञान तो सब मैं Youtube videos और मेरी लिखी किताबों और Webinars में दे चुकी थी, पर सेमिनार ख़त्म होने के बाद जिस तरह का समूह बना था और लाइन लग चुकी थी सिर्फ आशीर्वाद के लिए वह मेरे लिए नया था, और कुछ ऐसा था जिसे समझ नहीं पा रही थी मैं। बस इतना जानती हूँ जो हो रहा था मुझे कोई भी Resistance नहीं था इस तरह आशीर्वाद का हाथ सर पर रखने के लिए।

गणेश चतुर्थी का पांचवा दिन और कई परिवार अपने घर के मंदिर में गणेशा को छोड़कर मेरे पास आये थे कोई अपने बच्चे को आशीर्वाद दिलाना चाह रहा था तो कोई अपने Loan Papers को छूने के लिए कह रहा था जिस से उनका कर्ज़ा ख़त्म हो जाए, और हुआ भी, जब पेपर्स को छुआ और Bless किया, कुछ ही महीनो बाद उनकी सफलता की कहानी भी आई कि कई वर्षों पुराना कर्ज़ा ख़त्म हो गया।

बस यही वह वक़्त था जब पहली बार मेरे गुरूजी ने मुझे एक बड़ी ज़िम्मेदारी दी थी कि सुबह उठो और प्रार्थना करो सबके लिए, क्यूंकि अब वक़्त आ गया है जहाँ तुम्हे अपने लिए नहीं सबके लिए प्रार्थना करना है और तुम्हारी प्रार्थना कभी अनसुनी नहीं होगी, परमात्मा खुद तुम्हारे साथ काम कर रहा है।

सब कुछ नया था पर सच था, ये सब हो रहा था मेरे साथ और मेरी जिज्ञासा खुद को जानने की बढ़ती गयी पर कहते है न जब तक आपको आपकी शक्तियां याद न दिलायी जाए आप उनका पूरा इस्तेमाल नहीं कर सकते, शायद वही शक्तियां याद दिलाने की ज़िम्मेदारी दी गयी पीयूषजी को।

पीयूषजी जिन्होंने सारे राज खोले मेरी ज़िन्दगी के, मेरी ज़िन्दगी के राज़, वह राज जो इस जन्म के नहीं पिछले जन्म के थे, जो इस जन्म के कई Events के कारन थे।

पीयूषजी जिन्होंने सारे राज खोले मेरी ज़िन्दगी के, मेरी ज़िन्दगी के राज़ तो मेरे अलावा कोई नहीं जानता है वह बातें जो सिर्फ मम्मी से सुना करती थी बचपन की और वह मेरे अनुभव की बातें, कि किस तरह मेरे किसी की भी जिंदगी में जाने से कैसे उसका जीवन बदल जाता है ये सिर्फ मैं अनुभव करती आ रही हूँ, तो पीयूषजी को कैसे पता है?

क्यूंकि मैं सिर्फ अपने इन 49 years के ज़िन्दगी के पन्ने पलट पाती थी जो कहानी मम्मी सुनाया करते है कि मेरे आने से किस तरह उनके जीवन में बड़े बड़े परिवर्तन आये, जो कहानी मैं देखा करती थी कि किस तरह कई लोगों के जीवन में परिवर्तन आये जब मैं उनके जीवन में गयी, पर ये कहानी से कुछ ही बातें समझ आयी, पर मैं कौन हूँ और ये क्यों हो रहा है इसका जवाब तो तब मिला जब पीयूष जी ने कुछ राज खोले जो इस जन्म के नहीं बल्कि पिछले जन्म के थे।

पर आगे बढ़ने से पहले आपको पीयूष जी से मिलवाना चाहती हूँ, पीयूष जी जिनसे मैंने आपका परिचय अपनी पहली किताब में भी करवाया था Acknowledgement section में।

पियुषिजी जो अब इस दुनिया में नहीं है, पर वह कब आये थे और कैसी थी, उनकी जीवन यात्रा और कैसे उनका कोई अंत नहीं हुआ बल्कि"प्रारम्भ से प्रारब्ध तक"के सफर पर चल निकले पीयूषजी, चलिए शुरू करते है उनकी यात्रा, प्रारंभ से प्रारब्ध तक।

CHAPTER 1

आदि से अंत तक

ये कहानी शुरू होती है रायपुर में रहने वाले एक छोटे से बच्चे पीयूष की, एक Joint Family में मम्मी पापा, बुआ चाची, दादा, दादी सब एक ही घर में रहते थे। पियुष की एक बड़ी बहन और एक छोटा भाई था, चाचा और बुआ ने मकान पर कब्ज़ा कर लिया था जिस वजह से पीयूष के मम्मी पापा कलकत्ता शिफ्ट हो गए और पीयूष 5-6 वर्ष में ही रायपुर से कलकत्ता आ गए, पीयूष के पापा ने कलकत्ता में नौकरी शुरू कर दी।

पीयूष ने कलकत्ता में ही पढाई की, जॉब की वजह से पापा का ट्रांसफर होता रहता था, तो पीयूष फिर एक बार रायपुर आ गए और उसी मकान में वापस रहने लगे, इस वक़्त पीयूष कि उम्र लगभग 15-16 वर्ष कि थी।

पीयूष की मम्मी ने बुआ पर मकान के हक़ के लिए कोर्ट में केस किया था, जो कि लगभग 5 वर्ष चला और फिर वह केस जीत गयी जिसमें उन्हें आधा हिस्सा भी मिला, पीयूष ने अपना Graduation रायपुर से किया, पीयूष के छोटे भाई को पीयूष के चाचा ने जहर देकर मार दिया था, बहन कि शादी हो गयी भावनगर में, उनकी पिछले वर्ष ही Death हुई, बहन का एक बेटा भी है। पीयूष कि शादी इंदौर में हुई राजस्थान की लड़की से, पीयूष की पत्नी का नाम कुमुद है, पीयूष कुछ समय तक इंदौर में नौकरी करने लगे और फिर कुछ समय बाद मुंबई शिफ्ट हो गए कांदिवली East में, कुछ समय बाद उन्होंने गोल्ड का एक शॉप खोला।

पीयूष को एक बेटा हुआ जिसका नाम वरुण है उसकी पत्नी का नाम सुमन है। सब कुछ अच्छा चल रहा था, पर एक दिन पीयूष एक बार एक ज्योतिष के पास यूँ ही चले गए थे शौक की वजह से, और उस ज्योतिष ने पीयूष को एक रत्न पहना दिया नीलम,

जिसे पहनने के बाद उनकी gold shop ज्यादा चली नहीं और उसे बेचना पड़ा, धीरे धीर पीयूष बीमार पड़ने लगे। बाद में पीयूष ने 2 crore में वह शॉप बेच दिया।

जाने अनजाने में गलत ज्योतिष और उसके द्वारा बताया गया नीलम रत्न उन्हें बिलकुल फलित नहीं हुआ और काम में नुक्सान के साथ ही साथ एक दिन उनकी कार एक्सीडेंट में मृत्यु हो गयी, कार वाला भाग गया था। पीयूष अपनी गर्भवती पत्नी को इस दुनिया में अकेला छोड़ कर इस दुनिया से चले गए। चले गए कहना शायद ठीक न हो क्यूंकि वह आज भी इसी दुनिया में है बस physical body में नहीं है और soul form में है।

बस इसी तरह पीयूष की Physical form की यात्रा का अंत हुआ था पर उसके बाद प्रारब्ध की यात्रा को लगभग ५२ वर्ष हो चुके है। और अब पीयूषजी फिर एक Physical Form में आने को तैयार है।

पीयूष जी से हमारी मुलाकात 2014 अप्रैल महीने में हुई थी। जब वह soul form यानि की Energy form में थे।

Soulful परिचय पीयूषजी से

जी हां सही पढ़ा आपने, पीयूषजी से मेरा परिचय तब हुआ था जब वह इस दुनिया में Physical form से जा चुके थे और मुझे मिले थे nonphysical form में यानी कि Energy form में।

2014 April जब मैं बहुत परेशान थी तब पहली बार परिचय हुआ था पीयूषजी से और उन्होंने बताया था काफी वर्षों से वह मुझसे मिलना चाह रहे थे क्यूंकि उनके पास आदेश था।

आदेश था सुदीपजी का जिन्होंने पीयूषजी से कहा था कि अंजना जब भी बुलाये उसकी और उसके परिवार की मदद करनी है पर मैंने कभी याद ही नहीं किया, लगभग भूल चुकी थी मैं और अपने ही जीवन में इतना busy हो गयी थी कि कभी जरुरत नहीं महसूस हुई कि उन्हें परेशान किया जाए, परेशान से मेरा मतलब है उन्हें बुलाया जाए Energy form में, क्यूंकि physical form से तो वह 2008 में पृथ्वी से जा चुके थे।

दोस्तों शायद आप नहीं समझ पा रहे, चलिए विस्तार से बताती हूँ, पीयूष जी एक Energy है जो कि अब इस दुनिया में nonphysical form में है और Earth के 3rd Dimension में नहीं रहते जहाँ हमें शरीर की ज़रूरत होती है काम करने के लिए।

दोस्तों कई महीनो से मैं अपने Youtube पर Dimensions को समझा रही हूँ कि Earth के काफी सारे Dimensions होते है और हम humans 3rd Dimensions में रहते है और Higher Dimensions में physical forms या शरीर की उतनी जरुरत नहीं होती क्यूंकि higher dimension में Limitations नहीं होती और उसी वजह से जब हम 3rd dimension छोड़कर Higher dimension में रहते है तब Manifest करने की भी जरुरत नहीं होती बल्कि सब कुछ सोचने मात्र से होता जाता है क्यूंकि हम सिर्फ Energy है और जैसी Energy हम होंगे वैसे ही Energy को हम अपनी और आसानी से Attract कर सकते है। इसीलिए 5th या higher Dimensions में Manifest करने की जरुरत नहीं होती, खैर वह बहुत ही deep subject है, जिस पर कभी विस्तार से चर्चा करेंगे पर हम जिस Frequency पर Vibrate कर रहे है हम Nonphysical form या Energy को देख नहीं पाते जैसे पियूषजी।

उस Energy को सुन ने और देखने की हमारी क्षमता नहीं होती या ये कह ले क्यूंकि हम अलग Frequency में vibrate करते है इसलिए कभी भी हम उन नॉन physical form को न देख पाते है न सुन पाते है पर हां कभी कभी हम उन्हें महसूस कर पाते है अगर वह strong Energy है।

पीयूष जी हायर डायमेंशन में रहने वाली वही Energy है है जिन्हे मैं सुन नहीं पाती थी देख भी नहीं पाती पर उनकी Energy से बात कर पाती थी किसी न किसी माध्यम से और ये माध्यम मैंने चुना था या इन souls ने मुझे माध्यम चुना था अपनी मुक्ति के लिए या कहें मोक्ष के लिए या ये कहें एक और जन्म के लिए इसी पृथ्वी पर।

2014 अप्रैल में जब पहली बार उनसे मैंने माध्यम के द्वारा बात की तब पता चला की उन्हें सुदीपजी ने ये ज़िम्मेदारी दी थी पीयूषजी को मेरा या मेरे परिवार का ख्याल रखने की, बड़ा आश्चर्य हुआ यह जानकर कि वह सुदीप जी जिनसे मैंने कई वर्षों से बात नहीं की थी पर वह ये ज़िम्मेदारी किसी Soul को देकर गए, ऐसा क्यों और क्या कारण था कि मेरी या मेरे परिवार की रक्षा की ज़िम्मेदारी एक Energy दूसरी Energy को देकर जा रहे है चाहे हमें इस बात का ज्ञान हो या न हो। बस ये सबसे बड़ा इशारा था कि मुझे कुछ या कई बड़े काम करने थे मेरे भाई के साथ मिलकर जो मुझे पीयूषजी से बात करने में मदद करते है उनका आह्वान करने में।

2014 में ये बात कभी समझ नहीं आई, पर मेरे गुरूजी ये कहते है कि हर सवाल का जवाब नहीं होता इंतज़ार होता है, आज 2024 में ये इंतज़ार ख़त्म हुआ और जवाब आया इस सवाल का, किसलिए higher Dimensions में रहने वाली souls मेरा या मेरे परिवार का इतना ख्याल रखती थी, क्यूंकि जब आप कई बड़े काम करने इस पृथ्वी पर आये है तो पूरी टीम दे दी जाती है, Anjana Army भी वही फैसला है, higher self और भगवान् का जो physical form में support कर रहे है और काम शायद इस पृथ्वी पर बहुत बड़े है कि कुछ support के लिए कई Energies को कहा गया और इस support के rewards में उन्हें साथ ही साथ मोक्ष या फिर से पुनर्जन्म का reward मिलता जा रहा है।

कई बार आपको मिली शक्तियां या सिद्धियां जब तक ज्ञात नहीं होती जब तक उसको जनकल्याण के लिए उपयोग करने का सही वक़्त न आया हो, सही वक़्त पर ईश्वर

आपको आपकी ही शक्तियों से परिचय भी करवाता है और कई बार उन बड़े काम को करने के लिए बड़ा support3 भी देता है, शायद वक़्त आ गया है।

एक कहानी हम सबने सुनी है, कि किस तरह हनुमान जी को जामवंत ने उनकी भूली हुई शक्तियों से परिचय कराया था जब सही वक़्त आया, बस उसी तरह जो पिछले कुछ वर्षों में मैंने महसूस किया और जिस तरह का निर्माण हो रहा है इस 3rd Dimensional world में, जब मेरी उम्र के और मुझसे बड़ी उम्र की महिलायें और पुरुष मुझसे आशीर्वाद लेने लगे, और मैं भी बेहिचक आशीर्वाद देने लगी ऐसा लग रहा है सही वक़्त आया और सब फिर से एकत्रित हो गए मुझे भूली हुई शक्तियां याद दिलाने के लिए, इस से अंदाज़ा लग रहा है, कोई बहुत बड़ा काम और ज़िम्मेदारी है मेरी इस पृथ्वी पर।

और इसी ज़िम्मेदारी का हिस्सा सुदीप जी थे जिनसे मेरा परिचय पहली बार 1994 में हुआ था, जिनका साथ 2006 तक रहा, फिर उन्होंने पीयूष जी को ये ज़िम्मेदारी सौंपी और आज पीयूष जी का जब वक़्त आया इस पृथ्वी पर physical form में लौटने का तो पीयूष जी ने दी है ज़िम्मेदारी कमल को।

चलिए शुरू से शुरू करते है।

1994 में, मैं उस वक़्त कॉलेज की तैयारी कर रही थी, और मेरा परिचय हुआ एक अजीब खेल से, एक चार्ट पेपर पर Alphabet A to Z लिखते है कुछ बड़े Font Size में और उसी के नीचे numbers 1 to 9 तक, वही पर एक कटोरी के size का circle बनाकर उसके left side पर YES और right side पर NO लिख दिया जाता है। फिर जो लोग इस दुनिया को छोड़कर जा चुके है उन्हें आह्वान करके बुलाने का प्रयास किया जाता है, अगर आपके वातावरण में कोई Energy मौजूद है तो वह इस कटोरी के अंदर आएगी और आपके प्रश्नो का जवाब देगी।

बहुत ही interesting सा खेल लगा और मैंने जब देखा और समझा और एक बार कोशिश भी की, मैंने देखा ये वाक़ई में सही था, Energy अपनी उपस्थिति दिखाती है और अगर आप सही व्यक्ति है या फिर उसी frequency में है तब तो कई लोग इन energies को देख भी सकते है ऐसा मैंने सुना था।

हम सबने इन सब बातों का उल्लेख या तो कहीं न कहीं देखा है पढ़ा है या फिर बॉलीवुड में उस तरह के Horror Movie में कई scene देखे है।

पर यहाँ ये बताना चाहूंगी कि ये किसी Horror movie का scene नहीं था और न ही कोई भूत प्रेत की कहानी थी।ये महज़ एक soul थी, एक Energy का presence था उस कटोरी में, जिस तरह से कटोरी में movement हुआ ये सच था कि कोई energy वहां मौजूद है।

मुझे आज भी याद है पहली बार इस तरह का कुछ देखा पर मुझे याद है कि मैं डरी बिलकुल भी नहीं थी और ना ही किसी भी तरह का कोई भय मह्सूस किया। 1994 स्कूल के दिनों को याद करती हूँ तो आज समझ आता है मेरी आज की कहानी, मेरे आज के"प्रारब्ध का प्रारम्भ" तब ही शुरू हो चूका था, जब इन souls ने मुझे चुना था। मेरे लिए तब ये महज़ एक खेल था आज एक ज़िम्मेदारी है उनकी मुक्ति, उनका मोक्ष, या उनका पुनर्जन्म।

उस वक़्त न तो इंटरनेट हुआ करता था और न ही Google कि इस बात की कोई पुष्टि की जा सकती थी, बस मन हो तो मान लो या झूठा समझ कर नकार दो, सब कुछ भरोसे पर था, आज तो internet का ज़माना है हर बात को दस्तावेज नहीं चाहिए होते बल्कि Google से सच का प्रमाड मिलता है।

तो मेरे पास भी इस सच को reject करने के लिए कोई वजह नहीं थी, अपनी इन्ही आँखों से उस chart Paper पर कटोरी को दो उँगलियों के स्पर्श से घूमते देखा, हां और ना करते देखा और कई बार तो बड़े बड़े वाक्यों को मिनटों में बनते देखा जो कह रहे थे कि ये सब सच है, energy है, ऐसी energy जिसके पास शरीर नहीं है वह हमें सुन पा रहे है, देख पा रहे है और Alphabets के माध्यम से हमें जवाब भी दे रहे है, कमी इस बात की है कि हम उनकी Frequency में नहीं है इसलिए हम उन्हें नहीं देख पा रहे पर वह हमसे ज्यादा Higher frequency, Higher Dimension में है और हमें देख भी पा रहे है और सुन भी पा रहे है।

किसी भी मनुष्य की मृत्यु के बाद अगर हमें पता चलता है या कभी हमने सुना है कि उसकी आत्मा भटक रही है, इसे मैं बहुत ही निम्नस्तर का वाक्य कहूँगी, क्यूंकि आत्मा भटकती नहीं है बल्कि free होती है एक soul कई बड़े काम करने के लिए।

अब वह Human Body के restriction में नहीं है और हमें उन्हें sympathy देने कि ज़रूरत भी नहीं है, sympathy तो हमसे है क्यूंकि हमें इस मृत्युलोक में सीखने भेजा

जाता है इस शरीर में और हम कई बड़े काम कई बार नहीं कर पाते जो soul का प्रारब्ध होते है क्यूंकि body की limitations है, इसीलिए कई बार जब हम जो भी काम कर सकते है अगर नहीं करते और अगर हमारा प्रारब्ध है कुछ बड़ा करने का तब कई बार body भी छूट जाए तब भी करना तो होता है तब इस तरह energy के form में souls कई अधूरे कार्य पूरे करती है।

तो क्यों न इसी जन्म में इसी रूप में इसी Human form में ईश्वर के दिए हुए सारे नहीं तो कुछ काम पूरे करने की कोशिश कीजिये, नहीं तो इस पृथ्वी से जाने के बाद भी ईश्वर non physical form में भी serve करवाएगा ही।

क्यूंकि हम नहीं करेंगे तो कौन करेगा, ये ब्रह्माण्ड की संरचना हुई है और इसे संचालित हम और आप में से ही कोई न कोई करेगा ही।तो जब serve ही करना है तो तब क्यों अभी क्यों नहीं?

बस इसी chart paper के माध्यम से पहली बार सुदीप जी से परिचय हुआ, जब उनसे पूछा कि उनकी मृत्यु कैसे हुई तब उन्होंने बताया था कि वह रायपुर के रहने वाले थे उनके बच्चों ने ही जायदाद के लालच में उनका गला दबाकर उनकी जान ले ली थी, ये सब सुनकर बहुत बुरा लगा था, पर मैंने देखा इन बातों को बताते हुई उन्हें कोई दुःख नहीं होता और न ही वह दर्शाते है दुःख।

ये सब तब समझ नहीं आता था पर कहते है वक़्त के साथ ही सब समझ आता है, अब तो इतनी किताबें पढ़ ली इस Earth के Dimension को लेकर, soul को लेकर कि अब जन्म का उत्साह और मृत्यु का दुःख, अब बस soul की journey के रूप में नज़र आता है।

किसी घर में मृत्यु का दुःख पर वही soul किसी दूसरी जगह पर जन्म लेती है जहाँ हर्ष का माहौल है तो मृत्यु हुई कहाँ?

Soul तो इस शरीर से दूसरे शरीर में पूरी कर रही है अपनी Soul यात्रा, दुःख किस बात का, बस जीवन का यही सच है जितना जल्दी समझ जाएंगे दुःख से बच जाएंगे क्यूंकि जीवन और मृत्यु नहीं है बल्कि ये Earth के कई dimensions है और हम energy है, हमारी frequency तय करती है कि हमें किस dimension में रहना है।

बस इसी तरह पहली बार 1994 में chart paper का खेल समझ कर इसे किया था, मेरा भविष्य मैं नहीं जानती थी पर सुदीप जी को कभी भी Chart paper पर बुलाकर बहुत बातें किया करते थे हम सब भाई बहिन और घर के छोटे छोटे बच्चे game समझ कर वहां उपस्थित रहते कई बार सुदीप जी की बताने की speed उतनी तेज़ होती कि पेपर पेन लेकर जल्दी जल्दी लिखकर समझना पड़ता कि वह क्या कहना चाह रहे है।

1994 से 2002 तक जब कभी ऐसा लगता ये chart paper और कटोरी का Game शुरू कर देते है, काफी बाद में पता चला इसे plane chit कहते है और ऐसा कई लोग करते है।

ये हमें धीरे धीरे पता लगा, पहले ऐसा लगता था कि ये छुपा कर रखने वाली बात है, पर धीरे धीरे इस तरह की चर्चा कभी हो जाती तो पता लगा कई लोग कटोरी की जगह coin का इस्तेमाल करते है, कई लोग candle जलाकर किसी energy का आह्वान करते है।

Energy का आह्वान करना ही सही शब्द होगा और सही Respect होगा, बहुत लोगों को तो मैंने"चलो आत्मा को बुलाते है"जैसे शब्दों में बात करते सुना है। हम कभी ऐसा नहीं कह पाते थे क्यूंकि हमने जब भी किसी भी Energy का आह्वान किया, हमेशा उनका नाम पूछा और उनके नाम से ही पुकारा, हमारे लिए ये रिश्ता उस तरह से हो जाता था जैसे कोई अपने ही किसी को बुला रहा है।

और वैसे भी जब मैंने ये 1994 में, खेल - खेल में शुरू किया था, मैं नहीं जानती थी कि ये किसी आत्मा को बुलाने की कोई प्रक्रिया है और उनसे मुझे अपने कुछ सवालों का जवाब चाहिए, बल्कि ये तो मेरे भी शायद प्रारब्ध थे कि कई souls को मोक्ष की प्राप्ति हो, मेरा यह कार्य शुरू हो चूका था जाने अनजाने में, जो आज जिंदगी के 50th वर्ष में जाकर कई राज़ खुले तब पता चला ये सब मैं कर ही नहीं रही थी बल्कि घटनाये घटित हो रही थी, उपरवाले का आदेश था और मुझे चुना गया था इस काम के लिए।

2004 में जब कई Energies का आह्वान किया तो खेल खेल में Curiosity के अंतर्गत ये कार्य हुआ पर जब सुदीप जी आये और उनसे बात हुई तब तो अनजान Energies का आना लगभग बंद हो गया, अब हम जब भी Chart Paper निकालते और आह्वान करते सिर्फ सुदीप जी आया करते।

मुझे आज भी याद है स्कूल से जब Exam के बाद summer Vacations होते, हमारे लिए तो ये Summer Vacation का खेल था, पूरा परिवार मम्मी, भैया-भाभी, मेरे भतीजे-भतीजी जो काफी छोटे थे, वह भी हमेशा ये देखा करते और ऐसा लगता और ऐसा पारिवारिक माहौल बन जाता कि लगता ही नहीं था हम किसी soul को बुलाकर बात कर रहे है बल्कि ऐसा लगता कोई अपना ही है जो हमसे बात किया करते है।

फर्क सिर्फ इतना था हम उनको देख नहीं पाते थे सिर्फ पढ़ पाते थे। वह Chart Paper पर Alphabets के माध्यम से कितनी कहानियां सुनाया करते, हर किसी के बारे में कुछ न कुछ कहते, कभी कहते चाय पिलाओ, कभी कहते खाना खाना है मम्मी के हाथ का।

बस ऐसा लगता जैसे घर के कोई बुजुर्ग सदस्य है सुदीपजी एक guiding soul, हम सब सुदीप जी-सुदीप जी कहकर कभी हंसी मज़ाक करते, कभी उनकी पसंद का खाना बनाकर Chart Paper पर रख देते, कटोरी उस भोजन के आसपास ऐसे चक्कर लगाती जैसे कोई मनपसंद खाना देखकर बच्चा खुश हो जाता है। खाना वही उस प्लेट में ही रखा रहता, पर फिर वह पानी लाने को कहते, हम उन्हें पानी भी उसी तरह Chart Paper पर गिलास रख कर दिया करते, फिर पानी के आसपास वह चक्कर लगाते जैसे उन्होंने उसे भी ग्रहण किया हो फिर वह हमें हटाने के लिए कह देते।

जब पहली बार ऐसा किया तो बड़ा आश्चर्य हुआ, खाना तो खाया नहीं पर फिर समझ आया, मंदिर में भगवान् भी कहाँ खाते है, वह भी तो भावना ग्रहण करते है।

आज जब Life Coach बन गयी हूँ, इतना कुछ पढ़ लिया, Earth के Dimensions समझ लिए, कि किस तरह 3rd Dimension में जब हम Body Form में होते है, तब हम उस भोजन को ग्रहण करते हुए खुद को देख पाते है, पर 5th Dimension में हम Energy Form में होते है, Body ही नहीं होती तो Body की आवश्यकताएं भी नहीं होती, Energy को सिर्फ Energy चाहिए होती है।

तो ऐसे देखा जाए कि जब हम किसी Energy को बुलाते, तब उन्हें भी हमारी Energy मिलती है बात करते समय। बस Energy को Energy ही चाहिए होती है, और यह Energy चाहे वह 5th Dimension में हो 3rd Dimension में।

Energy के Forms कभी Food होता, तो कभी योग, कभी ज्ञान, तो कभी ध्यान, सबकी Energy के स्त्रोत अलग-अलग होते है Shape, Size, Colour बदला हुआ होता है।

हम सब ENERGY है, ये तो पिछले एक साल से कई बार अपने Youtube Videos में मैंने समझाने की कोशिश की है।

इसीलिए अगर आप Higher Dimension में है या उस Frequency में Vibrate कर रहे है तो आप इन Energy को महसूस कर पार रहे है, पढ़ पा रहे है, मैंने तो सुना है कुछ लोग इन्हे देख भी पाते है और सुन भी पाते है।

कई Film Directors ने ऐसी फिल्म भी बनाई है, जिस से हम समझ सके कि ज़िन्दगी सिर्फ Earth के Third Dimension तक सीमित नहीं है। बल्कि काम अच्छे करेंगे तो Higher Dimension में रहने वाली Energies भी आपका स्वागत करने के लिए तैयार रहती है और फिर आपसे किसी न किसी माध्यम से Connect करने की कोशिश भी करती है, जिस तरह 1994 में मेरा परिचय इन Energies से हुआ और फिर सुदीप जी इसी Energy Form में रहते हुए भी 3rd Dimension में रहने वाले हमारे परिवार के साथ उस तरह Connect हो रहे थे जैसे हमारे ही परिवार के सदस्य है, क्या फर्क पड़ता है बात करने का माध्यम अगर Chart Paper हो।

कई बार किसी घर में जब कोई बच्चा श्रवण या बोलने की शक्ति नहीं रखता, तब वह भी तो अपनी Sign Language में आपसे बात करने की क्षमता रखता है। बस उसी तरह सुदीप जी और सुदीप जी जैसे कई बार Soul को जब अपने जीवन का Purpose पूरा करना होता है, Serve करना होता है, और किसी वजह से Body ने साथ नहीं दिया तब ये Energies किसी न किसी माध्यम से अच्छे कर्म करने की कोशिश करती है और कर्म करते करते serve करते करते ही या तो मोक्ष को प्राप्त होते है या इन्हे फिर आदेश मिलता है पृथ्वी पर आकर एक बार फिर जन्म लेकर अपने अधूरे काम को पूरा करने का।

सुदीप जी ने हमारे परिवार में लगभग 11 वर्षों तक काफी साथ दिया 1994 से 2000 तक, फिर जब 2002 में मेरी शादी हुई तब मैं मुंबई शिफ्ट हो गयी, इंदौर जाना बंद हुआ तो सुदीप जी से मुलाकात भी बंद हुई, इंसान अपने जीवन में जब बहुत खुश रहता है तब कई बार न तो वह भगवान् याद करता है न ही भगवान् स्वरुप किसी की भी याद आती है।

जब तक मनुष्य पर कोई परेशानी न आये वह अपनी जिंदगी में इतना busy हो जाता है कि कई बार अपनों को भी भूल जाता है।

यही मेरे साथ हुआ, Love Marriage हुई, मुझे मुंबई शिफ्ट हुए लगभग 2 वर्षो में मैंने कभी उनसे बात करने का नहीं सोचा, उनके बारे में याद तो रहता था हम बात भी किया करते थे पर कभी बुलाने का सोचा नहीं। जब तक मुसीबत नहीं आयी।

2002 से 2005 तक मुंबई में शिफ्ट हुई, एक बेटी का जन्म हुआ, वक़्त लगभग भाग रहा था, सुदीप जी की तब याद आयी जब अचानक हंसती खेलती जिंदगी में कुछ इस तरह हादसे हुए कि लग रहा था सब बिखर जाएगा, और कुछ ऐसा होगा जो बिलकुल भी प्रिय नहीं होगा।

हमने घर शिफ्ट किया और जिस दिन उस घर में गए और जिस व्यक्ति से 4 वर्ष के Relationship के बाद प्रेम विवाह किया वही व्यक्ति और मैं इतने झगड़ रहे थे, ऐसा लगता था जैसे वह हम नहीं है।

कई ऐसे अनुभव जिसके बारे में सोचकर किसी का भी दहल जाए, चाहे वह हमारे झगडे हो या फिर मुंबई Train Blast में उसी Train में हमारा होना जिसमे Bomb Blast हुआ और हम बचते हुए घर आये। जोगेश्वरी blast जिस first class coach में हुआ था मेरे पास First Class का पास न होने की वजह से मेरे पति मेरे साथ general coach में बैठ गये और और हमारी आँखों के सामने पूरा First class Coach देखते ही देखते जलकर राख है गया था bomb Blast से, अपनी आँखों के सामने हमने लोगों को दम तोड़ते देखा पर हम बच गये, या फिर बचाये गये थे कई souls के आशीर्वाद जो हमें मिल रहे थे जो ये जानते थे कि घर पर हमारी 1 वर्ष की बेटी मम्मी पापा का wait कर रही है और हम सुरक्षित घर पहुँच गये।

ये कुछ ऐसे अनुभव थे कि एक बार फिर जिन्हे मैं लगभग भूल चुकी थी उन्हें याद किया, फिर मुंबई के ही घर में मैंने एक बार अपने पति के साथ मिलकर सुदीप जी को फिर याद किया उसी Chart Paper पर।

कहते है न भगवान खुद आकर कुछ नहीं बताते पर आपकी जिंदगी में किसी भगवान् जैसे को भेज देते है आपकी मदद के लिए। जब सुदीप जी को बुलाकर पूछा कि ये सब क्या हो रहा है, सबसे पहले उन्होंने एक ही बात कही जितना जल्दी हो ये

घर खाली कर दो और कही और शिफ्ट हो जाओ, इतना साफ़ तरीके से उन्होंने बताया पर क्यूंकि हमें एक ही महीना हुआ था उस घर में और जो Landlord थे वह Agreement करके खुद अमेरिका चले गए थे तो संभव नहीं था। अपना Deposit का पैसा वापस लेना और घर फिर शिफ्ट करना, हमारी आर्थिक स्थति भी वैसी नहीं थी कि हमें फर्क नहीं पड़ता।

हमें मजबूरी में रहना पड़ रहा था और वहां से हमारे हंसती खेलती घर की ईमारत की पहली ईंट हिली, इमारत कमजोर होने लगी थी, पर शायद बच्चा छोटा था और उसी वजह से कुछ ऐसा कदम नहीं उठाया जिस से कुछ गलत हो।पर हाँ किसी तरह उस घर में पूरे ११ महीने Agreement के मुताबिक गुजारे और फिर दूसरे घर में shift किया और फिर व्यस्त हो गए अपने जीवन में।

2006 में एक बात जो सुदीप जी ने कही वह ये कहा था कि अब मैं नहीं आऊंगा पर और कोई guiding soul देकर जाऊँगा। तुम उन्हें बुलाना जब जरुरत हो मदद की, पर जीवन में व्यस्त होने की वजह से फिर कभी किसी Energy का आह्वान नहीं किया।वैसे भी हमें ऐसा लगता था जो इस दुनिया से जा चुके है शायद उनको बुलाना, इस तरह उन्हें तकलीफ होती होगी तो हम नहीं बुलाते थे कि उन्हें कोई परेशानी न हो।

हालाँकि souls को इस तरह serve करना पसंद होता है और उन्हें कोई परेशानी नहीं होती ऐसा सुदीपजी ने बताया था।

यही मैं मेरे जीवन में महसूस करती हूँ कि आज 3rd Dimension के Body Form में रहती हूँ, पर शायद Energy और Frequency 5th Dimension की ही थी शायद तभी Higher Dimension के सुदीप जी से Connect कर पायी और वह भी तो यही कर रहे है, खुद के लिए नहीं बल्कि अपनी Energy को दूसरों की मदद करने के लिए उपयोग कर रहे है।

पहले जो एक खेल लगता था, आज पढाई कर के और बहुत ज्ञान लेने के बाद समझ आया ये खेल नहीं था, ये चुनाव था उन pure souls का जिन्हे या तो मोक्ष चाहिए था अपने अच्छे कर्म करके या फिर और अच्छे कर्म करने के लिए एक नया शरीर यानि एक बार फिर से जन्म।

और सुदीप जी को भी मिला पुनर्जन्म।

सुदीप जी जो पहले एक soul थे जिनका इस पृथ्वी पर फिर जन्म हुआ। एक पंजाबी परिवार में इंदौर के नवलखा कॉलोनी में, ऐसा हमें तब पता चला जब 2014 में, मैं फिर एक मुसीबत में आयी और फिर याद आया कि किसी को तो बुलाकर पूछते है, ये तो पता था की सुदीप जी को दूसरा जन्म मिल चूका है और उन्हें नहीं बुलाना है।

2014 April मुझे आज भी याद है, मैं बहुत परेशान थी दो तीन महीनो तक कोई काम नहीं था, और घर का rent School की Fees Due थी। कुछ समझ नहीं आ रहा था। एक बार फिर हमने इस उम्मीद से बुलाया कि शायद कोई आकर कुछ तो हल बता दे, 2014 अप्रैल जैसे ही फिर एक Chart Paper बनाया, क्यूंकि काफी वर्षों से नहीं बुलाया था, एक नया Chart Paper बनाया, जैसे ही आह्वान किया, इतनी जल्दी जिस speed से वह कटोरी घूमने लगी हम सब हैरान थे, और जो कहानी सुननी शुरू की ऐसा लग रहा था जैसे कोई कई वर्षों से इंतज़ार कर रहा हो हमसे बात करने के लिए, बस जिस तरह से वह कहते गए हम सुनते गये, नाम पूछने पर उन्होंने बताया उनका नाम पीयूष रॉय है। उम्र में हमसे बड़े थे तो हमने उन्हें पीयूष जी के नाम से सम्भोदित किया।ऐसे हुआ था हमारा पहली बार परिचय पीयूषजी से और इतना गहरा रिश्ता बना की आज उनकी यात्रा को दुनिया से शेयर कर रही हूँ उनके बारे में किताब लिखकर।

मैं कुछ पूछती पर पीयूष जी बहुत ही स्पीड से कटोरी के Movement से इतना जल्दी जल्दी बता रहे थे कि एक बार फिर हम आत्मा परमात्मा की सच्चाई को चाह कर भी नहीं नकार सकते थे।

उन्होंने बताया वह कब से इंतज़ार कर रहे थे, उन्होंने बताया सुदीप जी को जन्म मिल चूका और उन्होंने जाने से पहले उनको कहा था कि इस परिवार का ख्याल रखना और ये जब भी बुलाये तुम्हे जाना होगा। पीयूष जी लगातार बताते जा रहे थे उन्होंने बताया कि, मैं आपका कब से इंतजार कर रहा था कि कभी तो बुलाओगे पर आपने बुलाया ही नहीं।

मुझे याद है हमने Last Time 2007 में मेरे Cousin Brother का Murder हुआ था दिल्ली में, तब हमने उसकी soul को बुलाया था यह जानने कि क्या हुआ था उसके साथ, उसके बाद हमने कभी किसी soul का आह्वान नहीं किया।

2014 में लगभग 6 वर्ष हो चुके थे। आज हमने जब किसी Energy का आह्वान किया और जिस तरह की Energy थी उनकी बातें बताने की एक कटोरी में Alphabet के माध्यम से वह देखने लायक थी।

पीयूषजी ने बहुत कुछ बताया कि सुदीप जी ने ज़िम्मेदारी दी थी तब से वह हमारे घर में रहकर हमारा ख्याल रखते थे पर हर वक़्त सोचते थे की शायद हम बुलाए पर ऐसे हुआ ही नहीं, आज जब मुझ पर फिर ऐसी मुसीबत आयी तब याद आया कि एक जरिया है मेरे पास भगवान् जैसा, जो मुझे बता सकते है कि क्या करना है।

पीयूष जी की कहानी सुनने के बाद उनसे जब अच्छे से परिचय हुआ, मैंने अपना सवाल पूछा की Rent नहीं दिया है, Fees नहीं दी, बच्चे का Admission नहीं होगा अगर Fees नहीं दी तो, "सब ठीक हो जाएगा" बस यही कहा उन्होंने, मैंने पूछा कैसे तो उन्होंने कहा"सब हो जाएगा"।

हुआ तो सही, अचानक एक ऑटोवाला मिला उसने कहा शनिवार को सुंदरकांड करिये शाम को ठीक 7 बजे और आपकी सारी मुसीबतें ठीक हो जाएंगी, मैंने ऐसे ही किया और अगले शनिवार कुछ पैसों का इंतज़ाम भैया ने किया और मैं मुंबई आ गयी, फिर अगले शनिवार सुंदरकांड किया किसी ने कहा तुम अपने घर में किसी PG को क्यों नहीं रख लेती, वह Deposit देगी और तुम Fees भर देना और Apple को पूछकर पहली बार PG में एक माँ बेटी को अपने घर में किराये पर अपना ही कमरा दे दिया, पर single parent बहुत डर भी लग रहा था कि बेटी के साथ हूँ कहीं गलत व्यक्ति घर में न हो, क्या ये सही है पर कहते है भगवान् पर भरोसा इतना था की कुछ गलत हो ही नहीं सकता, पीयूषजी का साथ confidence दे देता था, हमने उन्हें देखा नहीं था पर देखा तो मैंने अपने गणपति को भी नहीं था। बस इसी तरह भगवान का नाम और भगवान के भेजे हुए बन्दे पीयूषजी एक single mother को हिम्मत दे रहे थे।

वाक़ई में सब ठीक हुआ और उसके बाद संजय लीला भंसाली के Production House में एक अच्छा Project मिला और पैसा भी अच्छा था। वह भी ऐसी जगह कि जब मैं Edit पर जाती मेरे घर की बालकनी से Apple मुझे देख पाती और मैं बे-धड़क हो कर काम पर जाने लगी।

मेरी भी Frequency बढ़ती गयी और तरक्की भी होती गयी।पर हाँ ये सब इतना जल्दी और Magical तरीके से हुआ कि पीयूष जी को धन्यवाद देने का सिलसिला शुरू हो गया, जब भी मन करता हम पीयूष जी को बुलाते उन्हें Thank You कहते रहते, कभी कोई सवाल होता तो अपने भाई और भतीजी को कहती उन्हें बुलाने को, अब वह मेरी तरफ से Chart Paper पर इंदौर में बुलाते और मुझे फ़ोन के Speaker पर पीयूष जी सुनते और जवाब मेरी भतीजी मुझे पढ़कर सुनाती।

बस सब सही चलता रहा एक से दो Show, दो से तीन Show मिलते गए, Salary बढ़ती गयी और फिर एक बार Single mother की ज़िन्दगी पटरी पर आ गयी, Apple का अच्छे स्कूल में Admission, और अच्छे Project से सब सही होता गया, अब पीयूष जी से फ़ोन पर बात होती थी क्यूंकि में मुंबई में होती और मेरे घर से मेरे भाई जीतू और भतीजी वहां बुलाते।

धीरे धीरे सब सही होने लगा एक दिन मेरी भतीजी ने कहा बुआ आप फ़ौरन इंदौर आओ, पीयूष जी ने बुलाया है, वह नाराज़ हो रहे है, ऐसे लगा जैसे घर का कोई बड़ा बुज़ुर्ग बुला रहा हो, फ़ौरन Bus में seat book की और इंदौर के लिए रवाना हो गयी।

वहाँ जाकर पता चला पीयूष जी ने सपने में आकर मेरे भाई को डांटा ये कहकर कि काम नहीं है तो बुलाया नहीं कितने दिन हो गए, और जब मैं पहुंची तब पीयूष जी ने बताया की अब वह इस Chart Paper पर नहीं आ सकते उनका Promotion हो रहा है, WOW ! पहली बार सुना कि इस Dimension में Energies का भी Promotion होता है, तब पहली बार पीयूष जी ने इस Spirit World के बारे में बहुत कुछ बताया कि किस तरह इनकी Hierarchy होती है, काम अच्छा करने पर Promotion भी होता है और Assistant भी मिलते है जो नए लोग उस World में जाते है, उन्हें सारे नियम बताये जाते है कि किस तरह रहना है क्या Allowed है और क्या नहीं।

पहली बार मुझे बताया गया कि पीयूष जी का Promotion होने वाला है और अब वह Chart Paper पर नहीं आ सकते बल्कि जो Trained Souls है जिन्हे पीयूष जी ने अपने group में Trained किया था वह आएंगे क्यूंकि पीयूष जी का काम और Responsibility बढ़ गयी है इसलिए अब वह Chart Paper के माध्यम से नहीं आ सकते पर वह कुछ दूसरी Souls को Appoint करके जाएंगे जिन्हे मैं कभी भी जरुरत पड़ने पर Chart

Paper के माध्यम से बुला सकती हूँ। बहुत ही अजीब सा पर मज़ेदार अनुभव था जब मुझे Interview लेने का कहा गया कुछ Souls का।

ये सब बहुत ही मज़ाक या झूठ लग रहा होगा, पर कहते है, मरने के बाद की बातों पर ज्यादा यकीन करने के लिए मरना पड़ेगा या फिर मन हो तो मानो या न मानो पर क्यूंकि ये मेरा अनुभव था तो मैं कैसे संदेह करती।

कहते है न भगवान् और भूत दोनों ही अनुभव का विषय है, प्रमाण का नहीं।

ये वाक़्या है 2018 का, पर उसी दौरान मेरे जीवन में एक Contrast आया और लगभग 3 वर्षों तक मैं इंदौर नहीं जा सकी तो मेरा पूरी तरह से इस Dimension से Connection ख़त्म हो गया था, और 2020 में, मैं एक Author बनी, Life Coach बनी, Anjana Army बनी, ये सब इतना जल्दी और Magical तरीके से हुआ कि कभी न तो इंदौर जाना हुआ और न ही मुझे पीयूष जी की याद आयी या मह्सूस हुआ कि उनसे संपर्क किया जाए।

पर हाँ, मेरी बेटी Apple वह मुझे अक्सर याद दिलाया करती कि Mom आप पीयूष जी से फिर से बात क्यों नहीं करती, इसलिए नहीं की हमें कुछ चाहिए था या कुछ जानना था, मैं सफल हो चुकी थी और जिंदगी बहुत बेहतर चल रही थी, तो कभी-कभी ये ख्याल आता कि सब कुछ अच्छा चल रहा है क्यों किसी soul को परेशान करना जिसके पास शरीर नहीं है।

2023 May में, मैं अमेरिका में थी और अचानक मेरी Manager Sonali मुझसे अपनी दादी के बारे में बताती है कि उसे अपनी दादी बार बार सपने में दिख रही है क्या आप उनसे संपर्क कर सकते हो, मैंने सोनाली को न कह दिया।

पर यही शायद Calling थी जिस प्रकार कभी Apple या कभी Sonali मुझे कहते, शायद पीयूष जी याद कर रहे थे और कुछ बताना चाह रहे होंगे।

ये विषय ऐसा था कि मैं लगभग भूल चुकी थी तो किसी से बात करना उचित नहीं समझा और ऐसी कभी चर्चा नहीं हुई पर एक बार Anjana Army से Meeting के दौरान Horoscope के विषय पर चर्चा निकली और अचानक मैंने ये सब बताना शुरु किया, Newyork से Higher Dimension की बाते Anjana Army से लगभग 5 घंटे चली,

ये सब Anjana Army पहली बार सुन रही थी, उन्होंने कुछ सुना हुआ था पर मैं ये सब बातें कर कर रही हूँ ये बड़ा अजीब भी था और आश्चर्य पर Unfoldings शायद कुछ और ही थी और कोई वजह थी। शायद ये बुक जो मुझसे लिखवानी थी।

Newyork से आने के बाद अचानक फिर Sonali ने मुझे कहा और जहाँ मैं ना कर रही थी वहां अचानक Impulse आयी, आप सब जानते है Impulse पर Action लेना ही है, मैंने लगभग पांच वर्ष बाद फिर एक बार पीयूष जी से संपर्क करने की कोशिश की, पर जैसा मैंने बताया इस बार पीयूष जी नहीं रवि जी आये, और उन्हें बहुत ख़ुशी हुई जब हमने उनसे संपर्क किया।

अब तो कई सवाल फिर से आने लगे और रवि जी ने बताया कि पीयूष जी Happiness Centre से बहुत खुश है और वह अब आ सकते है अगर हम उन्हें बुलाये।जैसी की उन्होंने पहले मना किया था क्यूंकि उनका promotion हो चूका था।

तो फिर एक बार पांच वर्षों बाद संपर्क किया हमने पीयूष जी से, उसी Chart Paper पर और कटोरी के माध्यम से। इस बार मैं बहुत Excited थी पीयूष जी से बात करने के लिए, क्यूंकि पहले परेशानियां बताया करती थी और हल पूछती थी, पर इस बार सफलता की कहानी सुना रही थी उन्हें अपनी।

एक बात से मुझे तस्सली हुई और Proud भी कि जब मैंने अपनी पहली बुक लिखी थी मैंने उन्हें भी Acknowledgement दिया था और बड़े ही गर्व से मैं उन्हें बता रही थी कि देखिये पीयूष जी आप जब भी जीवन में थे 2018 तक और उसके बाद मेरी सफलता की कहानी लिखते उनका Guidance नहीं था, वह थे ही नहीं पर फिर भी मैं उन्हें भूली नहीं थी।

यहाँ एक बात कहना चाहूंगी आप सबको, जीवन में जब भी आपके लिए किसी ने कुछ भी किया हो जरुरी नहीं कि कोई आपको हाथ पकड़ कर आपकी मंज़िल तक पहुंचाएगा पर अगर आपके कठिन समय में किसी ने जीने की hope भी दी है, बहुत मायने रखता है और काफी बड़ा कारण है आपका उनके लिए कृतज्ञ होना।

क्यूंकि सबसे बड़ी कोशिश पीयूष जी और मेरे गुरूजी की थी, मुझे होंसला देना कि सब ठीक हो जाएगा जिस वजह से शायद अपने कमजोर वक़्त में भी बड़ी आशा के साथ आगे बढ़ती रही।

पीयूष जी से मैंने पूछा क्या उन्हें अच्छा लगा जब मैंने अपनी बुक में Acknowledgement दिया।मैंने सुदीप जी, पीयूष जी और एक बच्चा विमल, सबको Thanks बोला था।

ये बात है Aug 2023 की है जब मैं कई वर्षो बाद पीयूष जी से बात कर पा रही थी, पर क्यूंकि मैं व्यस्त थी मेरे पहले Seminar "करोड़ों की मुलाकातें" की तैयारी के लिए तो ज्यादा तो बात नहीं कर पायी पर हाँ उन्होंने ये ज़रूर कहा कि सेमिनार में वह आएंगे और उन्होंने कहा मुझे जरूर याद करना और उनकी एक तस्वीर मैं Stage पर रख दू, जो कि मैंने किया, दोस्तों हम सब Energy है।

करोड़ों की मुलकातें में Energy तो सबने महसूस की ही थी, बाद में पीयूष जी ने बताया की वह अपने 100 soul Energies की टीम के साथ मेरे Seminar में आये थे और उन्हें सबसे अच्छा लगा जब मैंने सबको 100 रुपये दिए Energy Blessings के लिए।

ये बातें पहले जब 2018 में हमने बात की थी, तब पीयूष जी ने कभी हमारे बारे में नहीं बताया पर इस बार जब पीयूष जी ने देखा कि मेरी Teachings में 5th Dimension की Teachings दे रही हूँ, पीयूष जी ने काफी रौशनी डाली इस विषय पर पर क्यूंकि पीयूष जी स्वयं Earth के Higher Dimension से थे और Higher Dimension में Physical Body की जरुरत नहीं होती। तब भी आप समाज के लिए और इस विश्व के लिए बहुत कुछ कर सकते है।

पीयूष जी ने हमें काफी कुछ बताया और हमने भी खुल कर पीयूष जी से कई सवाल किया मृत्य के बाद के, यमराज जी के, और मृत्यु के बाद के कई विषय पर पीयूषजी ने भी खुल कर बताया उनके गुरु सुमंतजी की आज्ञा से।

और शायद यही पीयूष जी का प्रारब्ध था और है, आज जब ये किताब लिख रही हूँ, तो इस माध्यम से पीयूष जी का प्रारम्भ और प्रारब्ध समझ आ रहा है। कोई बड़ा प्रारब्ध है, कोई बड़ी जिम्मेदारी और इसलिए पीयूष जी का कोई अंत नहीं है बल्कि प्रारम्भ से प्रारब्ध तक की यात्रा से वह अनंत काल तक इस पृथ्वी पर रहेंगे। कभी वह Physical Form में थे, तो अभी वह Soul Form में है और कल इस बुक के Publish होने पर यादों में इस किताब के माध्यम से, और शायद इसी को कहते"प्रारम्भ से प्रारब्ध तक", आदि से अनंत तक।

इस यात्रा में पीयूष जी ने हमें जो भी बताया, वह Soul नियम अनुसार ही बता रहे थे, उनके गुरु सुमंत जी के आज्ञा से ही वह हमें हमारी Soul Journey बताते गए और कई बातें जब उन्होंने मुझे मेरे जन्म से संबंधित बताई तो आश्चर्य नहीं हुआ, क्यूंकि मैं कुछ और हूँ ये तो समझ आ रहा था।

मेरी जिस तरह Life Coach से Blessings की Journey थी पर अब शायद कोई बड़ी वजह होगी की मुझे याद भी दिला दिया गया या ये कहे पीयूष जी ने जामवंत का काम किया कि भूली हुई शक्तियां याद दिलाये, जिस तरह हनुमान जी अपनी अष्टसिद्धियाँ भूल चुके थे और माँ सीता को लंका से लाने के लिए उन्हें वह शक्तियां फिर याद दिलाई गयी।

बस यही शायद पीयूष जी का प्रारब्ध था कि हम सबको वह हमारी Soul Journey बता रहे थे। उन्होंने कुछ बातें बताई Soul Journey की, कुछ राज खुले पिछले जन्म के, तो चलिए जानते है किस किसके राज और क्या पता चला हमें कि हम ऐसे क्यों है।

चलिए ले चलती हूँ आपको अगले Chapter में राज पिछले जन्म के।

CHAPTER 2

राज़ पिछले जन्म के

राज़ पिछले जन्म का, अचानक अपना Creative Director वाला वक़्त याद आ गया जब मैं Television में Non Fiction Show कर रही थी जिसका Title था"राज पिछले जन्म का", जिसमे कई राज हमने सुने और देखे थे तब कुछ पता नहीं था किसी दिन इस तरह से हमें अपनी यात्रा के बारे में भी पता होगा।

हम सब जानते है, मानते है और इसमें दो राय नहीं है कि Soul is Eternal, आत्मा कभी मरती है नहीं, सिर्फ शरीर बदलती है और अगर मरती नहीं है तो उसकी बातें और आदतें कैसे बदल सकती है, हर soul की अपनी एक Memory होती है। जो कई बार नया शरीर लेने पर धुँधली हो जाते है तो कई बार आसपास का वातावरण की वजह से कई बार बहुत कुछ याद भी आ जाता है तो कई बार जब वह सब भूल जाती है तो कई जिंदगी के हादसे उसे उसी राह पर लाकर खड़ा कर देते है जिस रास्ते पर उसने पिछला जन्म छोड़ा था.

खैर ये बहुत अलग अलग कहानी है जिस प्रकार हर soul की अपनी अपनी यात्रा है। मुझे भी कई कहानी पता चली पिछले जन्म की, औरों का तो नहीं पता पर जब पीयूषजी ने मेरे ही परिवार के कई सदस्य की कहानी बताई तो हमें यकीन करने में वक़्त नहीं लगा क्यूंकि इस जन्म के कई कहानी के राज पिछले जन्म से जुड़े हुए थे।

सबसे पहले मैं शुरू करती हूँ इस जन्म के वह नाम जो मेरे ही आसपास है, और वह ऐसे क्यों है ये भी समझ आया, साथ ही साथ ये भी समझ आया की Soul का अपना धर्म होता है वह Body छोड़ देती है पर अपना धर्म नहीं और मृत्यु के बाद भी वह अपनी आदतें नहीं छोड़ पाता और कई बार तो उसे कई जन्म लग जाते है अपने Pattern Break करने में।

पीयूष जी से हम बात तो करते थे पर ये नहीं जानते थे कि उनके पास कितने अधिकार है और क्या क्या संभव है एक Soul के लिए जब Physical Limitations नहीं होती।

मुझे याद है एक बार 2014 में मेरे शो में काम करने वाली Costume stylist बहुत परेशान थी और पता नहीं क्यों मैंने उसे सब बताया पीयूष जी के बारे में और उसने पीयूषजी जी मिलने की Permission मांगी, तब पहली बार हमने अपने घर के बाहर के किसी इंसान को इस बारे में बताया था, उस वक़्त वह परेशान थी इस वजह से पीयूष जी ने उसके पिछले जन्म के बारे में बताया और उसे अपने इस जन्म में हो रही तकलीफों की सारी वजह समझ आ गयी।

पर जब हम उसकी पिछले जन्म की कहानी सुन रहे थे तब एक Curiosity तो जागी ही पर अचानक पीयूष जी ने मेरी बेटी के बारे में बताना शुरू किया और जैसे जैसे वह बताते जा रहे थे बहुत सारी समानताये हमें उसकी आदतों में मिली जो इस ज़िंदगी में उसके व्यवहार में भी मिली।

तो दोस्तों जो लोग मुझे जानते है वह मेरी बेटी को भी जानते है पर आज आप पहली बार अगर ये बुक पढ़ रहे है और आप मेरी कहानी बिल्कुल भी नहीं जानते तो चलिए आप पहले मुझे जान ले मेरे माध्यम से और कुछ राज पिछले जन्म के पीयूष जी के माध्यम से।

वर्तमान जन्म यानि की इस जन्म में मेरी कहानी ये है कि मैं एक Single Mother हूँ, 2011 में मेरे पति मुझे छोड़ कर चले गए थे जब मेरी बच्ची 7 वर्ष की थी और तब से मैं अपनी बच्ची का पालनपोषण कर रही हूँ और उसका ख्याल रख रही हूँ।

आज वह 19 वर्ष की है, ४० से ४० करोड़ ' मेरी पहली बुक है जिसमे मैंने बहुत कुछ बताया है, पर यहाँ हम राज पिछले जन्म की बात कर रहे है तो मैं Detail में नहीं जाउंगी मैं चाहूंगी कि अगर आप पहली बार मुझे पढ़ रहे है है तो आप मेरा Youtube Channel भी देख सकते है और दो बुक्स जो Amazon Best Seller है उन्हें पढ़ भी सकते है, जिन किताबों ने मेरा और इस पृथ्वी पर कई souls का इतिहास बादल दिया।

ये दो किताबों से न केवल आपको मेरे बारे में पता चलेगा पर आपके जीवन का एक बेहतरीन वक़्त शुरू हो जाएगा इस बात का आपको भरोसा देना चाहती हूँ अगर आप बेहतरीन ज़िन्दगी की तलाश में है।

क्योंकि इस वक़्त मैं मेरी बेटी Apple के पिछले जन्म की बात कर रही है, जो पीयूष जी के माध्यम से मुझे पता चला, यकीन न करने जैसी कोई वजह नहीं है, और इस जन्म की कई वजह पिछले जन्म से match कर रही थी इसलिए शेयर रही हूँ।

पहले मैं आप को Apple के बारे में बताना चाहूंगी, कि Apple को बचपन में स्कूल के बच्चे Slow Motion कहा करते थे, हमें भी कई बार लगा ये हर काम बहुत ही आराम से करती है, जो Apple को नज़दीक से जानते है वह सब जानते है कि वह खाना खाने से लेकर कई दैनिक आदतों में उसकी कार्य करने की जो क्षमता है वह भागकर या speed में जल्दी जल्दी नहीं कर पाती। अपने आप में मग्न बहुत ही शांति पूर्वक काम करती है और उसे panic होना नहीं आता और न ही फर्क पड़ता है अगर कोई उसे जल्दी करने को कहे भी, कई बार खाना जल्दी खाने को लेकर डांट भी पड़ती थी बचपन में, पर वह कभी जल्दी जल्दी नहीं खा पायी, अब हमने उसके इस व्यवहार को Accept कर लिया।

Apple बचपन से ही बहुत ही शांत स्वभाव की है और कई लोगों ने उसकी बातें सुनकर कई बार कहा है ये बहुत ही Mature है और साथ ही साथ कई लोग उसे Old Soul भी कहते है, उसे पानी बहुत पसंद है उसे बचपन से आज तक पानी के करीब forest, Mountains और nature में रहना बहुत पसंद है, इन सबके साथ साथ जब वह ८ वर्ष की थी तब हमारे घर में पांच कछुए थे। हम लाये थे या हम कारण बने soul की मर्ज़ी के लिए, ये अब समझ आया।

उन पांच कछुओं को मैं स्वयं लेकर आयी थी, क्यूंकि कई बार मैं संघर्ष करके थक जाती थी और मैंने सुना था कछुए घर में रखने से पैसा आता है तो मैं पहले तो Water Turtle ले आयी। जिस से बच्ची अकेले घर में रहती है वह उनके साथ खेलेगी।

जब मैं काम पर उसे अकेले छोड़ कर जाया करते थी Apple पूरा वक़्त उन कछुओं के साथ खेलती और बहुत खुश रहती थी, पर किसी ने बताया कि पानी वाले नहीं बल्कि जमीन पर रहने वाले कछुए ज्यादा lucky होते है, अब तो उन्हें पालने पर प्रतिबन्ध लग चूका है, क्योंकि उन पर कई लोग पैसे के लिए Black Magic का इस्तेमाल करते है, अब मैं तीन कछुए और ले आयी, इस तरह से हमारे घर मैं पांच कछुए थे, और Apple दिनभर उनके साथ खेला करती।

पर आश्चर्य जब हुआ जब पीयूष जी ने बताया कि पिछले जन्म में Apple कछुआ थी, ये तब की बात है जब पीयूष जी को नहीं पता था की हमारे घर में पांच कछुए है मुंबई में।

पीयूष जी ने विस्तार से बताया कि ये London में किसी Actress के घर में कछुआ थी जिसका नाम Jenny था, और उस Actress का हरियाणा का एक दोस्त उसे London से जहाज़ से ला रहा था और जहाज़ में उस कछुए की मृत्यु हो गयी।

उसके बाद फिर उसका जन्म एक कछुए के रूप में भारत में ही हुआ। क्योंकि कछुए की उम्र बहुत होती है तो कई परिवारों के घर में वह कछुए के रूप में रही। और इस तरह ये लगभग 300 वर्ष कछुए के रूप में ही थी Apple।

पीयूष जी ने बताया कि जो मेरे इस जन्म के पति थे Apple के Father, उनके घर में भी ये कछुए के रूप में थी और मैं उनकी पड़ौसी हुआ करती थी और जब मैंने देखा की वह कछुए का ठीक से ख्याल नहीं रख रहे है, मैंने उनके घर से वह कछुआ ले लिया और इस वजह से काफी झगड़ा भी हुआ पर उस वक़्त Apple का कछुए के रूप में आखरी जन्म था, उसके बाद उसने मुझे खुद चुना है।

और इस जन्म में वह मेरी बेटी बनकर आई।क्योंकि मैंने उसका पिछले जन्म में ख्याल रखा था, ये बात हमने पढ़ी भी है और पीयूष जी ने भी बताया कि Soul खुद चुनते है कि वह कहाँ जन्म लेना चाहती है, इस तरह उस कछुए ने मेरे घर में मुझे माँ चुना और लड़की के रूप में पैदा हुई, ये Apple का मनुष्य रूप में पहला जन्म है।

ये सब जानने के बाद हम इस जन्म से Relate कर पा रहे थे क्योंकि इस जन्म में भी मेरे पति ने उसका ख्याल नहीं रखा और पिछले जन्म की तरह Apple मेरे पास ही है, इस कहानी को हम यूँ भी समझे कि किसी जानवर की आँखों में हमेशा Blue Print होता है और Soul को सब याद होता है तो संदेह की गुंजाइश नहीं थी, Apple जिस तरह से दैनिक कार्य करती थी हम जब देखते है तो समझ पाते है कि अगर Soul कछुए की है तो Soul सिर्फ शरीर Change करती है पर Soul का धर्म और आदते लगभग एक जैसी होती है।

बचपन से आज भी Apple का चलना, खाना, पीना और शांत स्वभाव को देखकर हमने मान लिया की Apple की Soul Journey कछुए की हो सकती है, संदेह की कोई गुंजाईश नहीं है, पीयूष जी को कहानी गढ़ने में क्या लाभ मिलेगा, पर हाँ हमें Apple हर बार और कई बार इस बात का सबूत देती है इसकी Soul कछुए की है।

ये राज पिछले जन्म का पीयूषजी ने ऐसे ही बता दिया था हमारे पूछे बगैर और उसके बाद हमारा संपर्क टूट गया था, 2018 के बाद क्योंकि हमने कभी कोई संपर्क नहीं किया इसलिए कभी मौका भी नहीं मिला कुछ और राज़ जानने का।

पर अब जब पीयूषजी ने ही कहा है कि वह सबके बारे में बताएँगे तो इस बार लगा पूछा जाए और मैंने मजाक में ही प्रियाशा के बारे में पूछा और कहा पीयूषजी आप प्रियाशा के पिछले जनम के राज खोले। और जैसे ही उन्होंने कहा कि ये South Africa से है। प्रियाशा का रंग-रूप, चाल ढाल देखकर मुझे अंदाजा ही नहीं पूरा यकीन था क्यूंकि ये बात प्रियाशा को मैंने 2020 में ही बताई थी कि तुम South Africa से हो, जैसे ही पीयूष जी ने कहा मैंने फ़ौरन कहा कुछ और बताये ये तो हम सब जानते है उसकी कद काठी और नैन- नक्श से वह South African ही दिखती है।

अब जो पीयूष जी ने बताया हम सब फिर एक बार बहुत ही अचंभित हुए कि किस तरह Soul जाने अनजाने में वही करती है और उसी तरह की उसकी पसंद भी होती है।

इस बात पर यकीन बढ़ता जा रहा था, कि Soul सिर्फ Body बदलती है एक नए कपडे की तरह, पर Soul का धर्म, कर्म काफी कुछ उसकी Soul Memory में Stored घटनाएं Soul फिर दोहराते है।

कभी अनजाने में न जानते हुए भी कि वह जो कर रही है Soul की आदत के मुताबिक ही कर रही है।

पर एक बात समझ आयी कि Soul Journey यानी राज पिछले जन्म का जब मैं TV शो किया करती थी तब तो नहीं समझ आया कि क्यों जानना है पिछले जन्म के बारे में?

पर अब एक बात समझ आ गयी कि कोई बुराई नहीं है जानने में, कि कहाँ से आ रहे है हम और क्या कर्म या धर्म था, क्योंकि अगर जीवन में आपके कष्ट है तो एक कारण मिल जाता है, अगर इस जन्म के कष्टों का कारन इस जन्म का न हो, तो कम से कम soul को सुकून मिलता है और अगर आपकी कहानी मेरी जैसी है तब भी सही है।

एक बार फिर conviction के साथ हम जिम्मेदारी ले सकते है कुछ अच्छा करने की जब पूरा Support है ब्रह्माण्ड का। जिस तरह से मुझे जब मेरे बारे में पता चला तो एक conviction आ गया blessings देने में।

तो प्रियाशा मेरी भतीजी है और उसके बारे में कुछ Facts इस तरह है, बचपन से शांत स्वाभाव था, कम बोलना, हर किसी से बात नहीं करना, इस जन्म का सीधा समझे या पिछले जन्म का Attitude एक Business tycoon होने का।

प्रियाशा के Vision Board पर उसने Chopper का picture लगाया था, और उसकी पसंदीदा कार Ferrari है, इंदौर सिटी में जहाँ Sports कार का उतना चलन नहीं है, वह जब बताती है कि उसे ferrari की आवाज़ बहुत अच्छी लगती है, और उसे Ferrari ही चाहिए तब समझ आया कि 20 वर्ष की लड़की के इतने बड़े सपने का आधार इस जन्म का नहीं, बल्कि पिछले जन्म में वह तीन 5 star hotel की Owner थी, Business tycoon थी जिसके पास काले रंग की Ferrari और Personal Chopper हुआ करता था।

ये सब बातें फिल्म की कहानी जैसी लगती है पर जिस माध्यम से हमें पता चला वह माध्यम न ही झूठ बोल सकता है और न ही उस माध्यम के पास इतना वक़्त है और न ही जरुरत कहानी गढ़ने का, इसलिए शक करने की कोई वजह नहीं मिली और कई तथ्य प्रियाशा के जीवन से match हुए तो यकीन करने का मन हुआ और आपके साथ शेयर करने का।

दोस्तों मृत्यु के बाद क्या क्या होता है ये जानते तो बहुत लोग है पर मानते नहीं है, और मानने के लिए मृत्यु होगी तब ही प्रमाण मिलेगा क्या सच है क्या झूठ, और मुझे जीना है, और बड़े बड़े कार्य करने में रूचि है, न की पीयूष जी की बातों को प्रमाणित करने में।

पर मृत्यु के बाद का जीवन अगर बिना मृत्यु के समझ में आये और ये जानकारी मेरे लिए और कइयों के लिए काम आये तो कोई हर्ज नहीं है जानने और मानने में, जैसा ही Formula मैं इतना वर्षो से अपना रही हूँ।

दोस्तों मृत्यु के बाद भी Soul के कई काम होते है, कई जिम्मेदारियां भी और कई नियम भी, बहुत ज्यादा जानकारी हम पीयूष जी से नहीं पूछ सकते थे इन कहानी के जीवन की सच्चाईयो के लिए, क्योंकि बहुत अंतर है दोनों दुनिया में और कई सच्चाईयां नुक्सान कर सकती है इसलिए अपने दायरे में रहकर ही पीयूष जी जानकारी दे पाते थे और वह भी अपने गुरु सुमंत जी की आज्ञा से। हमने भी पीयूष जी के ऊपर कोई दवाब नहीं डाला जितनी जानकारी वह दे पा रहे थे वह हमारे जीवन के लिए या कुछ बदलाव के लिए काफी थी।

अब तो प्रियाशा के पिछले जन्म की कहानी को जानने के बाद जिज्ञासा बढ़ रही थी कुछ और राज़ जानने के लिए।और अब मैं पूछ रही थी मेरी एक और भतीजी आयुषी के बारे में, क्या है उसकी Soul की यात्रा।

आयुषी मेरी भतीजी है जिसे आप सब जानते है, जो नहीं जानते है उनके लिए उसके थोड़े Personality Traits Share करना चाहूंगी।

आयुषी बचपन से ही काफी तेज तर्रार किस्म की लड़की थी, हर बात का जवाब देना, दूसरो के साथ गलत होते देख उसके लिए लड़ कर आ जाना या उसको बचाना, शरीर से काफी Tough और कई बार तो हमें लगता है कि उसकी Personality में Feminine के साथ Masculine Energy ज्यादा है।

मेरे काम को जब संभालना शुरू किया तो एक एक करके मैंने देखा की मेरा Team का size कम होता जा रहा है, ये इसलिए नहीं की उसकी वजह से मैंने किसी का काम छीना बल्कि वह जब“One Man Army” की तरह काम करती तो लगा मैं अपने आपको जयादा Communication से बचा सकती हूँ अगर Team Size Limited है।

आयुषी Event Management संभालती थी और कई बड़ी बड़ी जगह उसने Event Manager और Celebrity Management का भी role संभाला है।

मेरा पहला Seminar मुंबई में घर के बच्चो की टीम के साथ ही उसने जिस Capacity के साथ टीम संभाली और 350 Participants को संभाला कोई अनुभवी ही कर सकता था जबकि इतना बड़ा Event उसका पहला अनुभव था। समझ नहीं आता था वह कर कैसे लेती है, एक ही जगह बैठे बैठे जिस तरह फ़ोन के Keypad पर हाथ चलते है और आपको पता चलता है जो काम दिया था वह सब हो गया।

वह ऐसी क्यों है इसका राज उसके पिछले जन्म से खुला।

अब अगर आप आयुषी को जानते है और उसकी Personality से परिचित है तो आप काफी Relate कर पाएंगे। सबसे पहले हमारे घर में आयुषी का चेहरा देखकर हम लोग हमेशा कहा करते कि इसके Looks या तो मणिपुर, नेपाल या काठमांडू के लगते है और ये बात उसको जानने वाले सभी कहते है बचपन से।

पीयूष जी ने इस पर approval भी दिया, उन्होंने बताया ये काठमांडू से है, इसका जन्म वहां हुआ था और इसका नाम था इस जन्म में भी उसकी शादी के बाद उसका last नाम आयुषी सिंह ही हुआ।

उत्तम सिंह नाम से इसका मतलब, जो इस जन्म की Masculine Energy है उसका कारण समझ आया कि आयुषी पिछले जन्म में एक पुरुष थी, इसके बाद पीयूष जी ने बताया काठमांडू में के पिता ने उसे काठमांडू महल में नौकरी लगवा दी, वहां पर मन लगा कर अच्छा काम करते हुए वह महल की सेनापति बन गयी, और लगभग 10000 की सेना को संभालती थी। यानि एक सेनापति था और उसकी ज़िम्मेदारी 10000 की सेना संभालना भी था राजा का सेनापति होने के साथ।

जैस ही पीयूषजी ने नंबर बताया 10,000 हमें समझ आया मेरे Seminar के 350 Partcipants उसके लिए बहुत ही आसान है।

क्यूंकि Soul का अनुभव 10000 की सेना संभालना है, उसके बाद पीयूष जी ने बताया कि केसर शमशेर राणा की एक शादी हुई और उस शादी से उनके दो बच्चे है, पर महल में नौकरी करते समय केसर शमशेर राणा को राजा की बेटी से प्यार हुआ, क्यूंकि काम में बहुत अच्छा था केसर शमशेर राणा, तो राजा ने अपनी बेटी की शादी केसर शमशेर राणा से करा दी और उसको महल Gift में भी दिया, जैस-जैसे पीयूष जी कहानी सुनाते गए पिछले जन्म की, हम सब Google करते गए और हमें जो Facts नहीं पता थे वह सब Google पर हम Confirm कर रहे थे।

ये राज पिछले जन्म का ऐसा था जिसका हमें गूगल पर प्रंमाड भी मिलता गया।पीयूष जी ने ये भी बताया कि केसर शमशेर राणा काफी सारा खजाना महल में छुपाया था 1000 करोड़ के ज़ेवर, सोने के सिक्के और बहुत सारा छुपाया हुआ खज़ाना आज भी वहां मौजूद है।

हमने जब Google पर देखा तो हमें राजा भी दिखा और वह महल भी, साथ ही साथ राजा की तीन बेटियों की Picture से उसकी छोटी बेटी के पति का Photo जो Available है, उसमे हमें आयुषी की झलक भी नजर आयी अगर वर्षों पूराना Face और लड़की की जगह वह पुरुष का चेहरा हो।

बहुत ज्यादा कुछ तो नहीं बताया पीयूष जी ने पर जितना भी बताया उस से आयुषी का इस जन्म का Character बहुत Relate करता है। पिछले जन्म का सेनापति मतलब Manager और राजा का सेनापति मतलब Royal, और इस जन्म में भी आयुषी, Celebrity ही Manage कर रही था Media में, Event Managment, आयुषी को दिल से पसंद है और वह काम बहुत आसानी से वह कर पाती है, Man Power Handle करना और स्टाफ को Training देने का काम हमारे घर में आयुषी का ही है, इसका मतलब Soul अपना न तो धर्म भूलती है ना ही कर्म बदलते है वह सिर्फ शरीर बदलती है। केसर शमशेर राणा कि मृत्यु 1964 में हुई और आयुषी का जन्म 1994 का है,इसका मतलब शमशेर कि soul का जन्म लगभग 30 वर्षों बाद हुआ आयुषी के रूप में 1994.

अब आयुषी के बारे में जानने के बाद और उत्सुकता बढ़ी हर्षित जी की soul यात्रा जानने की, जो आयुषी के पति है उनके बारे मे भी हमने पूछ लिया, हर्षित जी को देखकर लगता है वह किसी Egypt या Dubai से है, उनकी कद काठी और personality देखकर।

आश्चर्यचकित रह गए हम जब पीयूष जी ने बताया वह Egypt देश के किसी महाराज के बेटे थे, एक गरीब लड़की से प्यार किया पर उनके पिता यानि महाराज को ये बात पसंद नहीं आयी और उनकी मृत्यु उस जन्म में हुई पर प्यार अधूरा रहा, उसके बाद उन्होंने Saudi Arab में जन्म लिया और पीयूष जी ने बताया कि इनके दूसरे जन्म में भी

इनका प्यार अधूरा रहा था, जिस Pattern को इस जन्म में उन्होंने Break किया जब इस जन्म में उन्होंने प्रेम विवाह किया।

इस बात से हमें ये समझ आया की इस जन्म में हमें कई बार वही पुराने जन्म की कहानी मिलती है या फिर कई बार वही लोग, और हमें नए सफर में कई बार पुराने Pattern Break करने होते है अगर वह कुछ अप्रिय घटनाएं है, जो की हर्षित जी pattern Break किया। और इस जन्म में वह एक बेहतर जीवन जी पा रहे है, क्योंकि Soul को सुकून मिल चुका है।

दोस्तों आगे बढ़ने से पहले एक बात कहना चाहूंगी अगर 5th Dimension का या फिर और Higher Dimension की जरा भी जानकारी नहीं है तो इस किताब को Fiction कहानी समझ कर पढ़े।

पर इतना कहना चाहूंगी कि आप सब जानते है Television Industry में, मैं Creative Director थी और हम बहुत ही Brain Storm करते थे कहानी रचने में, पर अगर इस किताब के पहले आपने मेरी और कोई बुक नहीं पढ़ी तो मैं चाहूंगी इसको आप Fiction समझ कर पढ़ सकते है जिसमे कुछ सच्चाई नहीं है।

पर एक Thought ये देकर देखिये की अगर ये सब वाकई सच है और पिछले जन्म की कहानी है तो ये देखिये कितना सच है इन Soul Journey में और किस तरह कई बार कुछ राज पिछले जन्म के जानने के बाद आपकी और हमारी जैसी कई Souls को सुकून मिल जाता है। वर्तमान की घटनाओ के बारे में जानकार और Reasoning और Perspective आपकी Situation को जब दे देते है तो कई बार सुकून मिल जाता है अगर वर्तमान समय या कोई घटना आपके लिए अप्रिय है।

इतना कुछ जानने के बाद हमारी उत्सुकता बढ़ रही थी, और पीयूष जी ने कहा भी था कि वह जाने से पहले सबके बारे में बता कर जाएंगे, जब मम्मी के बारे में पूछा तब उन्होंने बताया कि वह झाँसी की रहने वाली थी और उनके पिता पेशवा के महल में काम करते थे, पेशवा के बेटे की शादी जब रानी लक्ष्मी बाई से हुई तब मम्मी उनके साथ काम करने लगी और एक बार उन्होंने अंग्रेज़ो के महल में गुस्से में आग लगा दी थी जिस वजह से उन्हें जेल भी जाना पड़ा, ग्वालियर शहर में उनकी शादी हुई, दो लड़के थे पर वह अपने पति को लेकर राजा के महल झाँसी में ही आ गयी और वही उनका जीवन बीता।

जब ये कहानी सुनी तब मैं समझ पा रही थी क्योंकि इस जन्म में भी मम्मी का गुस्सा वैसा ही है जैसे पिछले जन्म में था, काफी कुछ समझ आ रहा था, पिछले जन्म के राज़ अगले जन्म तक भी कई बार साथ चलते है, Soul का धर्म भी नहीं बदलता, पर कई बार अगर Soul Pattern Break कर दे तो शायद एक नयी कहानी लिख सकते है या फिर कई बार Soul अधूरे कार्य पूरे कर सकती है।

शायद इसीलिए Soul Journey, जन्मकुंडली, आकाशीय Records को अगर सिर्फ शब्दावली के कुछ शब्द भी माने तो इन शब्दों में कोई तो सच्चाई है अगर इन शब्दों का अस्तित्व है।

मेरे साथ मेरी खुशियां जो मेरे साथ 24 घंटे रहती है, क्यूंकि जिंदगी से मैंने Denial Mode ख़त्म कर दिया, हर बात पर Yes और Acceptance आपको दिल और दिमाग के मंथन से बचा लेता है।

हर बात पर बहस और Arguments जरुरी नहीं है, मैं तो बस ये कहना चाहूंगी आपसे, इसे कहानी की तरह पढ़े या सच समझ कर, ये सब मेरा सच है और ये सब मेरा अनुभव है, कई बार प्रमाण के लिए अनुभव करना होता है और उस अनुभव के लिए आपकी Soul तैयार नहीं होगी तो वह अनुभव आपके लिए नहीं है और प्रमाण नहीं मिलेगा।

चलिए अब सब Apple, प्रियाशा, आयुषी और हर्षित के बारें मे जानने के बाद मेरी जिज्ञासा थी मेरे बारे में जानने की, हमारा अगला सवाल था पीयूष जी से कि मैं कौन थी?

अब जब पीयूष जी से बात हुई और हो भी रही है तब एक बार लगा क्यों न मैं अपनी Soul Journey भी पूछ लूँ, क्योंकि Life Coach की यात्रा से शुरू हुई कहानी कब कई परिवारों की Blessings बनी पता ही नहीं चला, मैंने सोचा कुछ तो होगा जो मुझे समझ भी आ रहा था जिस तरह बिना पढ़े कई बार कई जवाब दे दिया करती थी अपने Students को, तो आश्चर्य होता था कि शायद बहुत कुछ पहले से ही पता है और किसी यात्रा को पूरा करने आयी हूँ।

मेरी यात्रा जिस तरह मोड़ ली है, वह सब जो मुझे मेरी बुक के time से या 100 Subscribers के वक़्त से जानते है वह मानते भी है ये journey साधारण नहीं है या life-coaches वाली journey नहीं है।

तो क्या बताया पीयूषजी ने मुझे जो मेरे लिए काफी नया था और बहुत ही आश्चर्य करने वाला था।

चलिए अब ले चलती हूँ आपको अपने पिछले जन्म की यात्रा में पीयूष जी के माध्यम से।

आप सब जानते है जिस तरह से मेरा बचपन शुरू हुआ था, मध्यम वर्गीय परिवार में जन्म हुआ पर जन्म के साथ ही बहुत बड़ा बदलाव आया पापा मम्मी के जीवन में, ये पूरी कहानी मैंने अपनी बुक" करोड़ों की बातों" में बताई है कि किस तरह बचपन से ही और हमेशा से यही हुआ जब जब मैं जहाँ गयी वहां खुशियां आ जाया करती थी।

ये कहानी मेरे Youtube पर कई बार बता चुकी हूँ और कई बार ये कहानी सबको सुनाई है, बचपन से देखती आ रही हूँ किसी भी दुखी व्यक्ति या Soul के जीवन में मेरा जाना होता है और उसकी किस्मत बदलना शुरू हो जाती थी, ये सब बचपन से बहुत देखा पर कभी कारण पता नहीं चला, कोई Lucky कहता, तो कोई भाग्यशाली भाग्य बनाने वाली भी कहता।

मेरा जीवन चलता रहा, चमत्कार होते रहे, कइयों ने करीब से देखा, कई समझ गए, पर मैं हमेशा से बहुत Observe करती थी कि ऐसा होता है जिसको जो चाहिए होता है, वह मिल जाता था मेरे उनके जीवन में जाने से, पर कहते है न जब तक परमात्मा से पूछेंगे नहीं वह बताएगा नहीं। अब जब ४५ वर्ष में मैंने ध्यान लगाना शुरु किया तो परमात्मा से पूछा मैं यहाँ क्यों आई हूँ? यहाँ से शुरू हुई मेरी कहानी, सबसे पहले Author बनी, फिर Life Coach फिर Blessings।

पर जब इस तरह के Events बढ़ते गए, और बहुत परिवारों से खुशियों की खबर मिलने लगी सिर्फ मेरे God Bless You कहने पर, लगभग एक वर्ष हुआ मैंने AR Blessings के नाम से अपनी Energy Transfer करके सबके घर में पहुँचाना शुरू किया और देखते ही देखते Energy नहीं बल्कि धन, खुशियां और सेहत भी पहुँचने लगी।

ये सब हो रहा था और मैं कहीं न कहीं अपने घर के बच्चों से मज़ाक में कहती कि मैं कुछ तो हूँ, जो मुझे भी नहीं पता, मेरे साथ जो भी हो रहा है वह इस जन्म का नहीं लगता, और ऐसे कई बार इतने प्रमाण भी मिले कि मेरी ये कहानी इस जन्म की नहीं है।

अब तो हमारे पास पीयूषजी है जो सबके बारे में बताने वाले है तो मैंने भी पूछ ही लिया, पीयूषजी मैं कौन थी?

मैं बहुत Excited थी, अगले दिन निर्धारित समय पर Chart Paper के माध्यम से हमने पीयूष जी को बुलाया।

पहले मैं आपको अपने जीवन के बारे में कुछ facts बताना चाहती हूँ जिससे आप भी Relate कर सकें :-

मैंने कॉलेज पूरा होने के बाद Fashion Designing किया था और जब मैं पहली बार मुंबई आई कुछ Dress Materials लेने अपने बुटीक के लिए, मुझे पहली बार ही मुंबई इतना अच्छा लगा कि मैंने कहा अगर इंदौर छोड़ना हुआ तो सिर्फ मुंबई के लिए अपना स्थान परिवर्तन करूँगी।

ये बात है वर्ष 2000 की और 2003 दिसंबर में, मैं यहाँ आ चुकी थी, यहाँ आकर मैंने Garment Industry में कुछ वक़्त के लिए काम किया और मुंबई में रहते हुई शायद एक ही बार शिरडी भी गए थी, जब मेरी बच्ची ५ महीने की थी। शिरडी से ऐसा कुछ ख़ास लगाव नहीं था तो बार बार जाना नहीं हुआ पर एक बार मैं जब TV Industry में Creative Director के पद पर काम करती थी तब एक Meeting में किसी व्यक्ति ने मुझे कहा था कि आपको कुछ बताना चाहता हूँ जो आपके लिए ज़रूरी है पर जानने के बाद भी आप कर नहीं पाएंगी।

दोस्तों ये बात लगभग 10 वर्ष पुरानी है, मेरे पूछने पर कि ऐसा क्या है जो मैं नहीं कर पाउंगी तब उन्होंने कहा आप अजमेर शरीफ और शिरडी नहीं जा पाएंगी जबकि शिरडी जाना आपके लिए बहुत जरुरी है।

मैंने सुन लिया और मुझे आज भी याद है कई बार बहुत संघर्ष भी किया, पर जानते हुए भी शिरडी नहीं जा पायी, 2021 से तो इतना ज्यादा Travel है पर मुंबई में रहते हुए भी शिरडी कभी जाना नहीं हो सका, अब सोचती हूँ तो लगता है शायद वक़्त नहीं आया था और जब वक़्त आया तो अभी पिछले महीने होकर आयी हूँ लगभग 19 वर्षों बाद।

चलिए क्या Connection है शिरडी से, ये सुनते है पीयूष जी के माध्यम से -

पीयूष जी ने बताया पिछले जन्म में, मैं मुंबई के ठाणे गांव से थी और मेरा नाम रंजना नागरे था, मेरे पिता का नाम रामस्वरूप था और वह पुलिस में थे, मेरे दो भाई भी थे, मेरी शादी मुंबई में एक कपडे factory के मालिक से हुई।

मेरी एक बेटी भी थी पर कुछ समय बाद मेरे पति की मृत्य हो गयी और मैं factory जाने लगी, मैं पैसों के मामले में बहुत Strict थी और कई बार मजदूरों को पैसे नहीं देती थी और इसी वजह से मिल बंद हो गयी और मैंने दूसरी शादी कर ली, जिसका लोहे का व्यापार था, मेरा वहाँ भी काफी Strict Behaviour था।

एक बार कोई Gangster मुझसे पैसा मांगने आया उसे उसके बच्चे का इलाज़ कराना था, मैंने मना कर दिया और उसके बच्चे की मृत्यु हो गयी, जिस वजह से उस Gangster ने मुझे Kidnap कर लिया, Realisation के लिए १० दिन बंद रखा, उसके बाद उसने मुझे जाने दिया पर मेरा ह्रदय परिवर्तन करवा दिया और मैं अपने दूसरे पति को छोड़कर शिरडी चली आयी।

पीयूष जी ने बताया मैं शिरडी साई बाबा के साथ सबकी सेवा करने लगी, और उस वक़्त मेरे हाथों में जादू था जिस वजह से कई लोग अपने इलाज़ और आशीर्वाद के लिए मेरे पास आया करते थे, धीरे धीरे बहुत दूर दूर से लोग आने लगे आशीर्वाद के लिए और मैं उन्हें Blessings दिया करती और लोग ठीक हो जाते।

ऐसे में कई वर्षो तक मैंने बहुत सेवा की और अपने आशीर्वाद से कइयों को ठीक भी किया और धीरे धीरे मेरा नाम रंजना से निर्मला देवी हो गया।

और इस तरह लगभग 95 वर्ष की आयु में 1962 में, शिरडी मंदिर में पूजा करते हुए मेरी मृत्यु हो गयी।

इसके बाद जो पीयूष जी ने बताया वह हमारे लिए और भी आश्चर्यजनक था। पीयूष जी ने बताया मृत्यु के बाद जब मैं, 1962 से 1974 वर्ष मे जब मेरा अगला जन्म हुआ तब तक मैं Soul Form में होने पर और कई Soul की मदद किया करती थी जब और कई Souls मेरे पास आती थी और उन्हें मैं Help करती और ज्ञान देती यानी की मृत्यु के बाद Non Physical Form में भी मैं यही करती और 1974 वर्ष में इस पृथ्वी पर Physical form में जन्म हुआ

जब मैंने पीयूष जी को पूछा की मैं जब निर्मला देवी बनी तब मेरा Look कैसा था, उन्होंने बताया मैं हरे रंग का गाउन पहना करती थी हमेशा।

ये सुनकर तो मैं हैरान रह गयी, इतनी समानता पिछले जन्म और इस जन्म में। पीयूष जी ने बताया तुम्हारे हाथों में पहले भी जादू था और इस जन्म में भी है और हर जन्म में ये Carry Forward होगा। ये कहानी तो पीयूषजी ने पिछले जन्म की ही बतायी है, पर हाथों में जादू कई जन्मो से है, इस जन्म के पहले मैं कटरा में एक पुजारी के घर पैदा हुई थी, बाकी कहानी मुझे कमल ने कहा है वह बताएँगे।

ये सब सुनकर सब कुछ Relate होता गया, करोड़ों का Wallet, करोड़ों का Cup, करोड़ों का Passport Cover और पता नहीं क्या क्या मैंने Blessings देकर अपने हर Product को छूकर कई घरों में पहुँचाया और Results तो Youtube पर है।

ये सब कब शुरू हुआ किसने कहा, Success Stories, सब कुछ एक कहानी की तरह लग रहा था, अचानक ऐसा लगा जैसी मैने कुछ किया ही नहीं हो, सब करवाया जा रहा था। मैं जिसे कहती हूँ Inner Voice, बस वही तो सुनती आयी हूँ और हर फैसले Impulse Based ही तो है, तो इसका मतलब मेरी Soul को पूरी Journey पता थी और वह अपने आप कह रही थी, हाथों में जादू है ये मुझे न तो पता था और न ही किसी ने कहा पर पीयूष जी के कहने पर ना मानने का प्रश्न ही नहीं था।

2021 में Life Coach बनने के बाद जो की Universal Planning थी, अचानक Merchandising समझकर शुरू किया।

करोड़ों का cup Merchandising से कब Blessing में बदल गया, कब मेरी जुबान पर ये आया कि मैं इसे छूकर Blessings भेज रही हूँ, ये सब अपने आप हो रहा था, जो भी मुझे Youtube के माध्यम से 2021 से जानते है और लगातार मेरी यात्रा देख रहे है उन्हें पता है और वह समझ सकते है Author से Life Coach, और Life Coach से Blessings और कब कई परिवार माँ कहकर आशीर्वाद लेने लगे ये सब देखते हुए अब मैं समझ रही थी कि जो पीयूष जी कह रहे है उसमे कोई न कोई तथ्य है।

साथ ही साथ हमें ये भी समझ आया की soul travel कर सकती है और मैंने अपने Meditation में कई बार बताया है कि कैसे Soul Parallel Universe में जाकर

देखकर बताती है और वही Impulse के रूप में आता है और फिर वही Action लेने पर, वह आपकी Success बन जाती है।

मैंने हमेशा से कहा है कि दिल से आयी हर आवाज़ पर Action लिया है जो भी किया वह Inner Voice के कहने पर किया और मेरी Success का Secret भी यही था और आज भी यही कहती हूँ। दिल से निकली हर आवाज़ पर Action लेती गयी और आज यहाँ तक आयी हूँ जहाँ अब सब समझ आ रहा है कि दिल से निकली आवाज़ Soul का अनुभव होता है और आपकी Soul जानती है आप क्या बेहतर कर सकते हो।

तो दोस्तों जो समझ आया वह ये आया की इस जन्म की यात्रा मेरे पिछले जन्म के कुछ अधूरे कार्य होंगे और जब कोई बड़ी ज़िम्मेदारी होती है तो आपको याद दिलाया जाती है, आपकी क्षमता, आपकी शक्ति।

हनुमानजी को जामवंत ने बताया और शायद देव की आज्ञा से ही पीयूष जी को मेरा जामवंत बनाया, पर हाँ एक बात जरूर महसूस हुई जब पीयूष जी ने बताया कि हाथों में जादू है इस वजह से मेरे दिल को और Conviction मिल गया आशीर्वाद देने के लिए और अगर हाथों में जादू है और उसका उपयोग न किया जाए जन कल्याण में और दुःख हरने में, तो ये Soul की यात्रा के साथ भी गलत होगा और उपर वाले को भी अफ़सोस होगा की गलत हाथों में जादू दे दिया अगर उसका उपयोग न किया तो।

तो ये तो थी मेरी Soul Journey मुंबई की रंजना नागरे से निर्मला देवी होने तक का सफर मेरी soul का सफर जिसने शायद शरीर बदला क्यूंकि 95 वर्ष तक शायद शरीर कमज़ोर हो गया हो और आगे की यात्रा के लिए फिर एक नए शरीर की ज़रूरत होगी। आश्चर्य जब हुआ जब पीयूषजी ने कहा निर्मला देवी, क्यूंकि इस जन्म में मेरी कुंडली का नाम निर्मला था और अंजना नाम पिछले जन्म के रंजना से match कर रहा है।

संदेह तो नहीं है पर ये सब जानकार ये समझ आया कि आशीर्वाद देना मेरी ज़िम्मेदारी है।

ये भी समझ आ रहा है हर Soul का अपना धर्म होता है और कोई Soul आशीर्वाद के लिए ही बनी हो तो कितनी भी कठिनाईयां आ जाए वह अपना काम अपने धर्म के और स्थिति के अनुसार करती जायेगी, ये सब जानने के बाद पूरा बचपन और School Life सब आँखों के सामने आ गयी, मेरे साथ कुछ भी हुआ पर हर बार मैंने निर्मल मन का परिचय दिया है, जिसने भी जैसा भी व्यवहार किया हो मैंने हमेशा माफ़ भी

किया और जब भी किसी को जरुरत पडी उनकी जरुरत पर काम भी आयी और कई परिवार और रिश्तेदार और दोस्त आज भी उस एक आशीर्वाद के साथ जीवन में बहुत आगे बढ़ गए।

तो चलिए आगे बढ़ते है और कुछ और राज जानते है पीयूष जी के माध्यम से :-

अब तो जैसे Curiosity बढ़ती जा रही थी और पीयूष जी से राज़ पिछले जन्म की बातेँ बड़ी रोचक लग रही थी। जैसा की हम सब जानते है कि अब वह जाने वाले है मतलब इस पृथ्वी पर फिर से आने वाले है तो उन्हें भी अच्छा लगता है और वह भी बहुत कुछ बताना चाह रहे थे।

ऐसा नहीं था कि हम किसी Soul को अनावश्यक परेशान कर रहे है। पीयूष जी अपनी मर्जी से ही हमसे बात किया करते और कह दिया करते की कल फिर आऊंगा, साथ ही साथ कहते कि रसगुल्ले मँगा कर रखे, वह बंगाली है उन्हें रसगुल्ले बहुत पसंद है। अब हम इन दिनों पीयूष जी से इस जन्म की नहीं बल्कि पिछले जन्म की ज्यादा बातें करते और एक-एक करके हम सब अपने बारे में पूछने लगे।

कई बार Soul Journey जानने के बाद वाक़ई अगर आपको पता चलता है कि आपकी Journey इस जन्म में भी Carry Forward हो रही है, तब हम कई बार अपने काम के लिए और Loyal हो जाते है, ये सोचकर कि इस जन्म में अधूरे कार्य पुरे कर दे नहीं तो फिर इसी काम को पूरा करने वापस आना पड़ेगा।

वैसे तो मैंने कई लोगो से सुना है कि उन्हें जन्म और मृत्यु की Cycle में नहीं पड़ना पर जब से मैंने जाना कि इस पृथ्वी पर Serve करने पर जीवन इतना खूबसूरत हो सकता है तो मैंने तो ठान लिया कि मुझे बार बार इस पृथ्वी पर आने में कोई हर्ज़ नहीं है, अगर जीवन में कई कार्य 40 वर्ष के बाद भी याद आये तब भी। जैसे मुझे मेरा Life Purpose 45 वर्षों के बाद पता चला पर जिस तरह का सुकून है और कई Souls की आंखों में चमक आती है तो लगता है करते रहना है ये कर्म और मानते रहो Soul का धर्म जो मदद करने को कह रहा है या उबारना चाह रहा है सबको।

हमारी Curiosity बढ़ती गयी, अब हमारे भैया के बारे में जिज्ञासा हुई, हमारे धीरू भैया जो Astrologer है उनके बारे में, धीरू भैया के दोनों जन्म में बहुत समानता थी, कि संदेह का प्रश्न ही नहीं था।

हमारे धीरू भैया जिन्होंने इस जन्म में Pilot Training ली है, पर अब Astrology करते है उनकी Journey भी यही बताती है कि पिछले जन्म में वह Merchant Navy में थे और एक बार अच्छे जॉब होने के बावजूद किसी के कुछ कहने पर वह Merchant Navy की जॉब छोड़ कर घर आ गए।

घर आने पर उनके पिता ने गुस्से में उन्हें घर से निकाल दिया और फिर उनके दादाजी जो एक शास्त्री थे, दादाजी ने उन्हें कई विद्याएं और ज्योतिष शास्त्र का ज्ञान दिया, पीयूष जी जब ये बता रहे थे तब उन्होंने कहा था कि जो पिछले जन्म की कहानी बता रहे है हम Guess करें किसकी है, हमारे परिवार में और हम सब एक साथ समझ गए"धीरू भैया"।

क्योंकि जिस तरह मैंने इतने Career Change किये और फिर यह आशीर्वाद दे रही हूँ जो की Soul Journey थी और अधूरा काम। उसी तरह धीरू भैया की भी वही Journey काफी अलग-अलग काम करने के बाद आज सब लोग पंडित जी कहकर बुलाते है जो इस जन्म में न तो वह किसी पंडित या ब्राह्मण के घर पैदा हुए और न ही पंडित जी जैसे कोई कर्म थे, पर ये कर्म नहीं उनकी Soul का धर्म था और Soul अपने काम बेहतर तरीके से जानती और समझती है, और पिछले जन्म के कार्य अधूरे हो तो इस जन्म में उस तरह की Situation बनती है कि हम वही करते है और उसी में सफल भी होते है।

इसीलिए मेरा एक Webinar है"Career With Life Purpose" शायद ये Webinar भी Inner Guidance था, कि बहुत जरुरी लगा सबके साथ Discuss करना क्योंकि Soul की Craving हमारी Physical Body में सुकून नहीं ले पाती, जब तक हमारी Body Soul के Purpose को Serve करने में Help नहीं करती।

दोस्तों आपको अगर ये Book पढ़कर लगता है कि कहीं न कहीं आपके जीवन में सुकून नहीं है, यकीन मानिये एक बार Soul Journey जानने की कोशिश जरूर कीजिये, जिस से आपको जो काम करने पृथ्वी पर भेजा था वह शुरू करें और आगे की यात्रा को Smooth करें।

पर कौन बताएगा कि आपकी Soul Journey क्या है, इसका जवाब आपकी Soul ही बताएगी पर जब आप दिल से पूछेंगे। मुझे भी जवाब मेरी soul ने ही दिया था ध्यान के दौरान।

मैंने पीयूष जी से जब मेरे बारे में ये सवाल किया कि आप मुझे बहुत लम्बे समय से जानते है फिर पहले क्यों नहीं बताया मेरे बारे में, तो उनका जवाब था तुमने पूछा ही नहीं पहले, इसी बात से मैं आप सबको बताना चाहती हूँ कि पूछना पड़ता है, तो जवाब जरूर आएगा।

मैंने 2019 से पूछना शुरू किया था क्या है मेरा Life Purpose और क्यों आयी हूँ मैं यहाँ इस धरती पर, रोज़ अपने Meditation में ये सवाल करती थी, तब जाकर लगभग एक वर्ष में मुझे जवाब मिला।

वह भी सीधी भाषा में नहीं बल्कि पहले" 40 से 40 करोड़" लिखने की Impulse आयी, उसके बाद बहुत लोगो को Free में Life Coaching दिलवाई गयी, तब जाकर एक बार America में अपनी दोस्त के घर Law Of Attraction का Lecture दे रही थी और जिस तरह से Applaud हुआ तब समझ आ गया था कुछ बड़ी तैयारी है उपर वाले की और वाक़ई उसके बाद मुझे Life Coach Introduce कर दिया और आज 1 जून है 2024 इस वक़्त मैं ये बुक लिख रही हूँ रात के 2:04 Minute मुझे आज भी याद है किस तरह 1st जून को Kartika Nair ने मेरा Interview लिया उनके Youtube Channel पर, जिस interview ने मुझे रातों रात पूरे World में पंहुचा दिया था, शायद ये थी तैयारी Universe की, जो धीरे धीरे बताई गयी।

Soul Jouney जानने के लिए सब्र से काम लेना होगा, परेशान हुए बगैर, धैर्य से समझना होगा तब जाकर आपको बताया जाएगा और तब आपसे करवाया भी जाएगा आपका काम और उसका Reward भी मिलेगा पर आपकी ये पूरी Journey की सफलता सिर्फ आपकी ईमानदारी पर निर्भर करती है कि कितने ईमानदार है आप अपने Purpose को Serve करने में क्योंकि कई बार Purpose को Business बनाने में वक़्त नहीं लगता।

Universe जब आपको आपके Serve करने के Rewards देता है, जब व्यक्ति उसको Commercial कर देता है और कमाने के चक्कर में Race में दौड़ने लगता है और Purpose कब पीछे छूट जाता है पता भी नहीं चलता।तो आप अपनी Journey में ईमानदारी का ख्याल रखे Soul Serve भी करेगी और Reward भी मिलेंगे।

इस 3rd Dimensional World में, आपके Rewards आपसे कोई नहीं ले सकता जब तक आप रास्ता नहीं भटकेंगे।

क्योंकि कई बार हम Physical Form में भी रास्ता भटकते है और कई बार Soul Form में मृत्यु के बाद भी रास्ता भटकते है और शायद रास्ते पर लाने के लिए हमेशा गुरु होते है, और पीयूष जी के गुरु सुमंत जी के बारे में मैं ज्यादा तो नहीं जानती पर हाँ जितना पीयूष जी ने बताया कि वह उनके गुरु है और उनके ही आदेश से पीयूष जी हमें हमारा पिछला जन्म बता पा रहे है, और उन्ही का आदेश है कि पीयूष जी को फिर पृथ्वी पर जाना पड़ेगा और उनका जन्म होने वाला है जुलाई 24th शाम ४ बजे।

परिवार के सारे राज जानने के बाद एक और जिज्ञासा जागी उन जीव के बारे में जो अभी अभी शामिल हुए है हमारे परिवार में। कद्दू और ईरा हमारी adopted Kittens जिनके बारे में भी बताया हमें पीयूषजी ने।

हमारी बिल्डिंग में एक cat ने 4 बच्चे Deliver किये और उनमे से एक बच्चे को चोट आ गयी थी और मैं और मेरी बेटी Apple उसे डॉक्टर के पास ले गए, उसे ठीक कराया पर फिर लगा इसे वापस बिल्डिंग में छोड़ कर आना सही नहीं होगा, पर अगर घर में हमने इसे रखा तो ये अकेला पड़ जाएगा, हम वापस उसी बिल्ली के पास गए और वहां बाकी के तीन बच्चों में एक और Kitten को ले आये उसके साथ खेलने के लिए।

अब ये दोनों Cats जो Siblings है, एक Boy और एक Girl 5 Weeks Old हमारे Pet है और हमने इन्हे Adopt कर लिया है।

पीयूष जी से अचानक पूछा क्या हमें पता चल सकता है ये कहाँ से आई है।

पीयूष जी ने एक दिन का समय माँगा और बताया कि ये दोनों पिछले जन्म में Real Sisters थी Srinagar के गुलमर्ग शहर से, बड़ी का नाम रुखसार था और छोटी का मुमताज़ यानि की हमारी जो Female Kitten है वह रुखसार थी जिसको हमने ईरा नाम दिया है और जो Male Kitten है यानि की उसका Sibling Brother मुमताज़ जिसे हम प्यार से कद्दू कहते है।

गुलमर्ग शहर में इनके पापा डॉक्टर थे और मम्मी पुलिस में। एक दिन रुखसार एक लड़के के साथ दिल्ली चली गयी थी, पर बाद में घर लौट आई क्यूंकि उस लड़के ने धोका दे दिया, माँ को ये बात अच्छी नहीं लगी जब बेटी रुखसार वापस आई तो माँ ने गला दबाकर उसकी हत्या कर दी और घर में ही दफना दिया, छोटी बेटी मुमताज़ ने ये

देख लिया था, तो माँ ने उसे भी नौकर के साथ मिलकर मार दिया।इस तरह इन दोनों बहनो की मौत हुई।

बाद में जब पिता को पता चला तो पिता ने पुलिस को सब बता दिया और माँ को जेल हो गयी। ये कहानी उन Kittens की है जो आज हमारे घर में बहुत ही प्यार से रहती है, इस जन्म में जिस बिल्ली ने जन्म दिया ये इत्तेफाक ही है कि दोनों Kittens, Brother-Sister मेरे घर पर है वह पिछले जन्म की सगी बहने रुखसार और मुमताज़ है। जब ये कहानी पता चली तो ज्यादा चकित नहीं हुए क्यूंकि इनका जिस तरह आपस में खेलना होता है और जितना प्यार से ये रहती है, देख कर लगता है कि इनका बहुत ही प्यार का रिश्ता है।

तो ये है कुछ राज पिछले जन्म के। अब इतना कुछ जान लिया, तो हमारे पापा की कहानी क्यों न पूछी जाये। तो पीयूष जी उनके बारे में बताने के लिए भी एक दिन कहा।

अगले दिन पीयूष जी ने बतया कि हमारे पापा 1760 में जयपुर के रहने वाले थे, उनका नाम Rakesh था, पढ़ने में ज्यादा मन नहीं लगता था और दोस्तों के साथ पूरा वक़्त जुआ खेलने में बिताते थे, वहां से उन्हें उनके पिता ने महल में भेज दिया और महल से उन्हें उदयपुर पढाई के लिए भेजा गया, बाद में उनकी millitary police में अच्छी नौकरी मिल गयी और china war में उनकी गोली लगने से मृत्यु हो गयी और लगभग 100 वर्षों बाद उन्हें फिर जन्म मिला है।

जब हम इस जन्म से कहानी जोड़ते है तो इस जन्म में भी पापा का नाम R alphabet से ही है रामस्वरूप, और पापा पुलिस में ही थे और जुआ खेल को, मैं कह सकती हूँ"Share-Market" क्यूंकि पापा को शेयर मार्किट में पैसा लगाना पसंद भी है और उन्हें काफी ज्ञान भी।

शेयर भी अपने आप में एक जुआ ही है।

पापा की soul journey से ये भी जानकारी मिली, कि कई बार 100 वर्ष भी लग जाते है कई बार फिर से जन्म लेने में और इन 100 वर्षों में soul सिर्फ serve करती है जैसी पीयूषजी कर रहे है और कई बार सोल को पसंद नहीं हो तो ईश्वर उन्हें energy form में ही सर्वे करने को कहते है पर हां कर्म की cycle रुकती नहीं है, चाहे हमारा energy का फॉर्म कुछ भी हो।

तो इतनी कहानी सुनने का और पीयूषजी से पूछने का कोई बड़ा कारण नहीं था, बल्कि इस से हमें Soul की यात्रा समझ आई, ये तो समझ आया Soul को जो पसंद है, जो धर्म है, वह Soul करता ही है उसका Form बदल जाता है और कई बार Soul को वर्षों इंतज़ार करना पड़ता है इस पृथ्वी पर पुनर्जन्म लेने के लिए।

अब Physical Form से मृत्यु और फिर इसी Form में आना, चलिए अगले Chapter में आपको बताती हूँ कि मुझे कैसे पता चला कि पीयूषजी का जन्म होने वाला है और क्या कहानी है मेरी और Souls की क्यूंकि मुझसे संपर्क में आने के बाद कई souls को जन्म मिलता जा रहा है चलिए जानते है"राज अगले जन्म" का पीयूष जी के साथ।

CHAPTER 3

राज अगले जन्म के

अब मैं आपको ये बताना चाहती हूँ ये अगले जन्म का क्या रहस्य है, जैसे कि मैंने आपको बताया पीयूष जी को जुलाई में जन्म मिलने वाला है, इसके पहले सुदीप जी को मनुष्य के रूप में जन्म मिल चूका है, और मुझसे Souls 1994 से connected है और तब से अब तक कई Souls है जिन्हे वापस इसी पृथ्वी पर जन्म मिला है।

मुझे ये सब पता नहीं था बस मैं इतना जानती हूँ सबसे पहले खेल खेल में सुदीप जी के सम्पर्क में आयी और फिर कुछ वर्षों बाद उन्हें पृथ्वी पर फिर से मनुष्य रूप में आने का मौका मिला जो मुझे उन्होंने नहीं बताया पर पीयूष जी ने बताया कि अब वह नहीं आ सकते है उनका दूसरा जन्म हो चूका है।

उसके बाद कई बार कई souls के उसी खेल के तहत मेरे chart paper पर आती मुझसे बात करती और देखते ही देखते कई souls को इस पृथ्वी पर फिर से जन्म मिल चूका है, जिसका मुझे ज्ञान नहीं था पर पीयूषजी ने बताया कई बार जब आप Chart Paper पर संपर्क करते है किसी भी Souls से तो कही न कही उनको सुकून मिल रहा होता है या वापस इसी पृथ्वी पर जन्म।

ये मेरा अनुभव है और पीयूषजी की दी हुई जानकारी।

एक दिन अचानक मेरे पास मेरे भाई का फ़ोन आया मैं मुंबई में थी और उन्होंने कहा पीयूषजी बुला रहे इंदौर आ जाओ, उन्हें जरुरी बात करनी है, मैं फ़ौरन अपनी टिकट की और उसी रात मुंबई से इंदौर के लिए चल पडी, ये ऐसा अनुभव था जैसे की किसी परिवार के सदस्य ने बुलाया हो और मैं बिना देर किये निकल गयी।

जब इंदौर पहुंची तो पीयूष जी ने बताया कि उनका Promotion हो गया है और वह अब chart paper पर नहीं आ सकते मैं चाहे तो किसी और soul का इंटरव्यू ले सकती हूँ जो मुझे सही लगे वह मेरे संपर्क में रहेंगे अगर जरुरत पडी।

ये बात है 2014 की, जिसके बाद पीयूषजी से हमारा संपर्क पूरी तरह से ख़त्म हो गया, 2014 से 2023 तक कभी हमने किसी soul से संपर्क नहीं किया और मैं अपनी author journey और lifecoaching journey में बहुत व्यस्त भी हो चुकी थी तो न कभी मौका मिला न ही जरुरत पडी।

वापस पीयूषजी संपर्क में आये तो उन्होंने बताया कि उनके गुरूजी से उन्होंने आज्ञा मांगी तब उन्हें वापस हमसे बातचीत करने का मौका मिला, पर अब जब दोबारा मेरा पीयूषजी से संपर्क हुआ अब कहानी कुछ और थी, इस बार पीयूष जो को अपनी मजबूरी नहीं बल्कि सफलता की कहानी सुना रही थी, ४० से ४० करोड़ में उनका नाम पढ़कर सुना रही थी।

पीयूष जी से अब मेरी बातचीत का टॉपिक बदल चूका था क्यूंकि अब मैं परेशांन रहने वाली soul नहीं बल्कि कई souls को सुकून दे रही थी अपनी life teaching से उन souls को जो इस Three Dimensional Earth पर थे।

और अब पीयूषजी से मेरा discussion Soul और Soul Journey से Related हुआ करते थे, पीयूष जी भी सब बताया करते थे, पर सबसे रोचक किस्सा तो तब हुआ जब मेरे गुरूजी ने पीयूषजी के बारे में ऐसी कुछ बात कही जो पीयूष जी ने भी नहीं बताई थी क्यूंकि उनके दायरे में नहीं आता था।

जैसा कि मैंने आपको बताया सुदीपजी का जन्म हुआ है ये हमें सुदीपजी ने नहीं बताया था बल्कि कई वर्षों बाद जब हम एक बार Soul का आह्वान कर रहे थे तब पीयूष जी आये सुदीपजी कि जगह और उनसे हमें पता चला कि उनका अब जन्म हो चूका है, उसी तरह soul journey में कई बार कुछ बातें Secret होती है और आज्ञा नहीं होती उनको बताने की इसलिए पीयूषजी जो बात हमें नहीं बता सके वह बात मेरी गुरूजी ने बताई।

ये बात अप्रैल महीने की है, एक बार मैं अपने गुरूजी से मिलने गयी और उनको पीयूष जी के बारे में बताया और गुरूजी ने फ़ौरन कहा कि पीयूष जी को जन्म मिलने वाला है

बहुत जल्द, ये बात सुनकर लगा की ये कैसे? क्यूंकि पीयूष जी ने बताया था उन्हें जन्म नहीं लेना है वह खुश है इस तरह लोगों की मदद करने में।

आप सब मेरे गुरूजी के बारे में जानते है मैंने कई बार उनका जिक्र किया है और अपनी दोनों किताबों में भी उनका जिक्र किया है, जैसे ही गुरूजी बोले मैंने फौरन इंदौर call किया और अपने भाई को बोला कि पीयूष जी को बुलाओ और जैसे ही पीयूष जी आए Chart Paper पर मैंने Video Call पर पीयूष जी को पूछा क्या उन्हें जन्म मिलने वाला है, और पीयूष जी ने स्वीकार किया, हमारे पूछने पर बताया कि जुलाई 24th को 4 बजे अलाहबाद में उनका जन्म होने वाला है, वह एक मुस्लिम परिवार में जन्म लेने वाले है बेटी के रूप में, उनके होने वाले माता-पिता का नाम है ज़ुबैर सिद्दीक़ी और सलमा सिद्दीकी है।

मैंने फ़ौरन गुरूजी को बताया कि उन्होंने बिलकुल सही कहा था और जब मैंने उन्हें पीयूष जी के माता-पिता का नाम बताया तो गुरूजी ने फ़ौरन कहा ज़ुबेदा नाम मिलेगा पीयूष जी को अगले जन्म में, मैंने फिर पीयूष जी से उनका नाम पूछा और पीयूष जी ने ये स्वीकार किया कि उनका नाम ज़ुबैदा सिद्दीकी नाम ही होगा। मैंने पूछा की क्या अगले जन्म में में पीयूष जी को पहचान पाउंगी तब उन्होंने बताया"Parle G" की model जो बच्ची है पीयूषजी का अगले जन्म में लगभग वैसा ही look होगा, मुझे इंतज़ार है उनके जन्म का और उनसे इस रूप में मिलने का।

गुरूजी से सब पता चला तो ये सब मेरे लिए बहुत ही आश्चर्यचकित बात थी कि पीयूष जी खुद एक powerful soul है और इतना Parallel Universe के बारे में बताते है, पर मेरी गुरूजी इतने जानकार है ये मुझे पहली बार पता चला, जो बात पीयूष जी को बताने की आज्ञा नहीं थी वही बात पीयूषजी के बारे में हमें पता भी चली पर मेरी गुरूजी द्वारा फिर पीयूषजी को अपने गुरु सुमंतजी की आज्ञा लेकर हमें सब बताना पढ़ा।

पर साथ ही साथ पीयूष जी अब ज्यादा सक्रिय हो गए हमसे बात करने के लिए, हमें बहुत सारी जानकारी देने के लिए, और जितने भी राज बताये, उन्होंने यही कहा जाने के पहले सब के बारे में बता कर जाएंगे।

बस यही बात करते करते पीयूष जी से हमने आज्ञा ली, क्या हम ये सब किताब लिखकर पूरी दुनिया को बता दे, और उन्होंने आज्ञा दे दी, पर वक़्त बहुत कम था मार्च 2024 में

हमें ये सब पता चला और मैं काफी Busy होने की वजह से लिखने की जिम्मेदारी नहीं ले पा रही थी, पर फिर पीयूष जी ने कहा कोई तो लिख दो उनके बारे में और अचानक 14th may को मैंने Laptop उठाया और हुबहु जैसा-जैसा उन्होंने कहा उसे मैं Type करती गयी।

इस किताब को कितना अच्छे से समझा पाउंगी, मैं ये तो नहीं जानती, पर इस विषय पर आने वाले वक़्त में और अच्छे से Explain करूँगी किताब या webinar के माध्यम से पर इस बार इस किताब को लिखने के लिए थोड़ा वक़्त का ध्यान रखना पड़ रहा है क्यूंकि मैं चाहती हूँ उनके जन्म के पहले मैं ये लिखकर Publish करवा सकूँ और उनको ये copy दे सकूँ, दिखा सकूँ, तो ये मेरी तरफ से सबसे बड़ा Gratitude होगा पीयूष जी को, एक pure Soul को जो NonPhysical Form में है।

जो हमे 2014 से हर वक़्त मदद कर रहे है और अब जब उनका जन्म होगा हम उनसे कभी कही मिल पाएंगे पीयूष जी की इन memories के साथ, अगले जन्म में हम उनसे मिल पाएंगे या नहीं वह भविष्य की unfoldings है।

हालाँकि उनका कहना यही है कि कभी न कभी सलमा और ज़ुबैर सिद्दीकी मुझ तक जरूर पहुंचेंगे, पीयूष जी को लेकर एक बेटी के रूप में, क्यूंकि पीयूष जी का कहना है वह मेरा चैनल देखते है और मेरे Youtube के Subscriber भी है, सलमा और ज़ुबैर।

Wow क्या सुपरहिट स्टोरी है, मेरे ख्याल से आप में से कई Readers को तो कुछ समझ नहीं आ रहा होगा पर कोई बात नहीं आपको ये समझ आएगा जब आप एक बार 5th Dimension के बारे में Study करें, कुछ Podcasts होंगे Youtube पर जब कई Para-Normal Activities करने वाले Practitioners ने Sushant Singh की soul को बुलाकर उनसे बात की है और ये सब Youtube पर मौजूद है, कितनो ने असली सुशांत से बात की ये तो मैं नहीं जानती पर पीयूष जी को तो मैं 2014 से जानती हूँ, मैंने उनसे जब जब पूछा कि क्या हम भी सुशांत को बुला सकते है उन्होंने मना किया उन्होंने बताया कि वह उस वक़्त नहीं आ सकता पर एक दिन Jan 2024 में अचानक उन्होंने एक दिन कहा Feb के बाद सुशांत Chart पर आ सकता हैं।

मैं तो भूल ही गयी थी पर एक बार पीयूष जी ने फिर से कहा मार्च में कि सुशांत को बुला सकते है, और एक दिन जब मैं पीयूष जी को बुलाने बैठी, तो जो Soul Chart Paper पर आई तो कटोरी में Movement कुछ अलग था उस से लगा पीयूष जी नहीं है, पूछने पर उसने कहा गुलशन, और उसने कहा मैंने तुम्हे बालाजी में देखा है, मुझे लगा कोई Actor होगा जिसकी मृत्यु हो गयी होगी पर फिर उन्होंने अपना नाम बताया Sushant Singh Rajput हम सब बहुत ही हैरान हुए, पर जब हमने पूछा आपने गुलशन क्यों कहा तब उन्होंने बताया कि उन्हें सब लोग प्यार से गुलशन कहते है Family में, हमने उसी वक़्त Google किया और देखा ये बात सही है।

उनसे हमने काफी बात की और उन्होंने हमे काफी कुछ बताया अपनी मृत्यु के बारे में जिसका जिक्र इस किताब में करना सही नहीं होगा पर हाँ ये सच है कि हम Earth के 3rd Dimensions में रहते है क्यूंकि हम Physical Body के अंदर है और Physical Body के अपने दायरे और Restrictions होते है इसलिए हम एक ही वक़्त में भूतकाल और भविष्यकाल में, नही जा सकते।

हमें 3rd Dimension में रहकर और Body के दायरे में ही काम करना होता है पर जो Soul अपनी Body छोड़ चुकी है ऐसी कई Soul अपने अगले जन्म से पहले अपने कर्म के अनुसार काम करते है और सही वक़्त आने पर या तो वापस आते है धरती पर अपने अलग-अलग जन्म में अलग-अलग Physical Body में अपने कर्म के और आचरण के अनुसार।

अगर उनके कुछ काम बाकी रहे है तो इस पृथ्वी पर वह अधूरे कार्य पूरे करने के लिए उनको फिर एक बार भेजा जाता है और हर बार अपने अधूरे कार्य की वजह से कई कर्मो का लेखा जोखा पूरा करने हमे पृथ्वी पर मनुष्य रूप में आना पड़ता है।

और हमारे क्या काम थे, ये हम 5 वर्ष तक याद रख पाते है पर बाद में भूल जाते है और भटक जाते है अपने Life Purpose से, जिस वजह से वापस आना पड़ता है इस पृथ्वी पर अपने काम करने, इसीलिए मैंने कई बार अपने webinars में life purpose को जानने के लिए ध्यान का जिक्र किया है।अगर हर माता पिता ये ज़िम्मेदारी ले कि बच्चे को बचपन से ध्यान करने की आदत बनाये, बच्चा अपने अधूरे कार्य याद रखेगा और भटकने से बच जाएगा।मुझे अपना life purpose और अधूरे कार्य 45 वर्ष में याद आये क्यूंकि तब मैंने ध्यान करना शुरू किया।

तो मैं बस यही कहना चाहूंगी कि राज पिछले जन्म का जानने के बाद हमें ये पता चला की Soul बार बार जन्म लेती है और अपने कर्म और धर्म को जरूर पूरा करती है, इस जन्म में या अगले जन्म में।

इसीलिए मैं ये कहना चाहूंगी कि अगर हमें पता हो कि हम क्या करने आये है, तो सफर वक़्त पर शुरू हो सकता है और Soul मार्ग पर चलने की वजह से सफर आसान भी हो सकता है।

जब मैं कभी भी किसी को कहती हूँ की सफर वाक़ई आसान है तो साधारण मनुष्य यकीन नहीं कर पाते क्यूंकि 3rd Dimension में रहते हुए जिंदगी का सफर आसान हो ये हो नहीं सकता, और इसलिए कोई यकीन भी नहीं करता क्यूंकि कोई भी इस 3rd dimension में बिना किसी उतार-चढ़ाव, सुख-दुख के सिर्फ खुश कैसे रह सकता है?

पर मैं थी, मैं हूँ और हमेशा रहूंगी क्यूंकि मेरी Soul को सुकून है उस काम की वजह से जो वह करने आयी है, इसलिए Soul जब अपना काम करती है उसके पास दुखी

होने की सारी वजह ख़त्म हो जाती है और वह 5th Dimension में हमेशा के लिए बिना fluctuate हुए रह पाता है, जिस पर साधारण मनुष्य यकीन नहीं कर पाता कि 24 घंटे कोई कैसे खुश रह सकता है।

मेरी बातों पर 2021 से लेकर लम्बे समय तक कई साधारण व्यक्ति और कई बार तो Life Coaches स्वयं संदेह करते थे, अब पिछले 4 वर्षों से लगातार मेरी ज़िन्दगी को मेरे Personal Vlog और Instagram पर और Youtube Live पर देखते-देखते सब थक गए पर समझ नहीं पा रहे थे कैसे, कैसे कोई बिना परेशान और दुखी हुए खुश रह सकता है, अब जाकर सबको यकीन हुआ जब मैंने सबको Earth के Dimensions समझाए और बताया कि Earth के 5th Dimension में संभव है और उसके लिए 3rd Dimension छोड़ना पड़ेगा।

अब जाकर सबको यकीन हुआ है जब समझ आया कि Earth के काफी Dimensions होते है जिसमे 5th और Higher Dimensions में सुख और खुशियां, सफलता और Manifesation शुरू होता है, जो की 3rd Dimesnion में efforts के साथ ही संभव हो सकता है।

बस आपकी Soul जितना Evolve होती जाती है वह Higher Dimensions के लिए Ready हो जाती है, Higher Dimensions में Souls जो Physical Form में नहीं है वह भी रहते है और जो Soul Evolve है वह Physical Body के साथ भी 5th और Higher Dimension में रह सकती है। जिस तरह पीयूष जी और कई Souls मृत्यु के बाद Higher Dimensions में है और कई Souls जैसे कई महात्मा, या वह जिन्होंने बहुत साधना की, ध्यान किया वह इस पृथ्वी पर Physical Body के साथ भी Higher Dimensions में रह पाते है, रह सकते है और Serve करते है, अपना Soul Purpose।

एक बात मुझे जो मेरे बारे में समझ आई वह ये है कि मेरे द्वारा कई Souls को मुक्ति या ये कहें अगला जन्म मिल चूका है, सुदीप जी, मदनजी, और अब पीयूषजी जिन्हे जन्म मिलने वाला है, यहाँ तक की मैं आपसे गोलू के बारे में बात न करूँ तो कैसे बनेगी ये किताब रोचक।

गोलू को भी जन्म मिलने वाला है और ये भी वह Soul है जो अपने जन्म से मृत्यु तक मुझसे संपर्क में रही और अब पीयूष जी की तरह उसे भी मनुष्य रूप में जन्म मिलने वाला है।

पर ये गोलू है कौन??

ये पिक्चर आप देख रहे है ये है गोलू और अभी मार्च 2024 में गोलू की मृत्यु हुई। हमें तब नहीं पता था कि मुझे ये बुक लिखनी है पर अब जब इतना कुछ बता रहे है तो गोलू का जिक्र कैसे न करूँ।

गोलू को हम कालिया के रूप में जानते है, कालिया एक Stray dog है और जिस दिन मैं और मेरी बेटी सबसे पहले Happiness Centre को देखने आए थे तब हमारी पहली मुलाकात इस कालू से हुई जो शायद इस गली में रहता था, हमें आज भी याद है कैसे वह हमारे पीछे-पीछे घर दिखा रहा था।

फिर जब वक़्त आया inaugration का हमारे Happiness Centre का, कालिया तब भी यही था, और हद तो तब हुई जब हम यहाँ शिफ्ट हुए और वह घर के अंदर आकर बैठने लगा।

Apple मेरी बेटी को Animals बहुत पसंद है उसे फर्क नहीं पड़ता वह अच्छे Breed का कोई Pet Dog है या फिर Stray Dog। Apple बहुत ही प्यार से उसका ख्याल रखती, उसे खाने को देती वह बहुत ही प्यार से Apple के हाथ से कभी Biscuit तो कभी रोटी खाता था।

हमें हमेशा कालिया की खबर मिलती कि उसने कभी गली के Sweeper को काटा तो कभी गली के सारे dogs को वह चिल्ला कर भगा देता, लगभग तीन वर्ष हुए, वक़्त बीतता गया Apple और मैं जब भी इंदौर आते वह Apple को देखकर दौड़कर गली से भागकर Apple के पास आ जाता।

कालू Doggy की Picture यहाँ शेयर कर रही हूँ आप अंदाज़ा लगा सकते है कि Apple को वह कितना पसंद करता था क्यूंकि Apple उसका बहुत ही ख्याल रखती।

पर अभी कुछ ही दिनों पहले मार्च 2024 में हम जब इंदौर आए और Happiness center आए तब देखा कालिये को चोट आयी हुई थी ऐसा लग रहा था जैसे कई dogs ने काटा या मारा है, कालिये की इस गली के dogs से लड़ाई बहुत होती थी क्यूंकि शायद वह इस गली का Boss था, मेरी भतीजी आयुषी और Apple ने डॉक्टर को फ़ोन किया पर डॉक्टर ने उठाया नहीं और Busy होने की वजह से Apple और आयुषी के दिमाग से निकल गया था और हम दो दिन बाद वापस मुंबई चले गए, सात दिन बाद जब हम वापस इंदौर आए हमें पता चला कि कालिया इस शरीर को छोड़कर वह दूसरी दुनिया में चला गया, ये जानकार Apple और हम सबको दुःख हुआ पर Soul Journey समझते है तो कहीं न कहीं सुकून था कि उसे दूसरा जन्म मिल जाएगा।

इन दिनों मार्च में हमारा पीयूष जी से संपर्क लगभग हर रोज़ हो रहा था क्यूंकि वह ये किताब लिखने के लिए मुझे काफी जानकारी दे रहे थे, और तभी हमने कालिये के बारे में पूछा और हैरानी की बात थी कि पीयूष जी ने बताया की हम उस से बात कर सकते है। Dog की Soul से बात कैसे, पीयूष जी ने कहा उसे बुला लो Chart Paper पर, वह भी बात करना चाहता है।

हमने उसे याद करके उसी Chart Paper पर बुलाने की कोशिश की और देखा वह आ गया, पर उसने अपना नाम गोलू बताया। जो की हमें नहीं पता था क्यूंकि वह काळा था तो प्यार से हम उसे कालिया कहने लगे थे। उसने बताया कि उसका नाम गोलू है और उसके मालिक जो पंजाब से थे उनका ट्रांसफर हुआ और वह उसे यहीं छोड़कर चले गए तब से वह Stray Dog बनकर रह गया और हर कोई उसे काला कहने लगा। Apple बहुत खुश हुई उसकी Soul से बात करके, मैंने जब उस से सवाल किया कि तुम्हे चोट आयी थी और हम लोग डॉक्टर के पास नहीं ले गए क्या उसे बुरा लगा था तब उसने बताया हाँ, क्यूंकि वह उम्मीद कर रहा था कि हम उसे डॉक्टर के पास ले जाएंगे। हमने उस से माफ़ी मांगी, पर वह खुश है क्यूंकि उसे पीयूष जी ने बता दिया है कि उसे अगला जन्म अपने ही Owner के बेटे के यहाँ मिलेगा चंडीगढ़ में, इसलिए गोलू बहुत खुश है।

ये जानकार फिर एक बार ये बात तो Confirm हुई कि जो भी Soul मुझसे मिलती जाती है कहीं न कहीं उन्हें सुकून और मोक्ष मिल रहा है कभी मुक्ति और मोक्ष के रूप में तो कभी अगला नया जन्म।

पीयूषजी से मैंने पूछा 1994 से अब तक कितनी souls को मोक्ष और पुनर्जन्म मिला है, पीयूषजी ने बताया बहुत सारी souls को मुझसे मिलने के बाद या तो मोक्ष या पुनर्जन्म मिला है जिसमे एक नाम प्रियाशा के खरगोश का भी है, उसे भी उज्जैन के किसी पंजाबी Family में लड़के के रूप में जन्म मिला है और वह बहुत गोरा है, हम सब हंसने लगे कि खरगोश है गोरा ही हुआ होगा।

मेरा छोटा भाई बुआजी का बेटा राजीव का जन्म लखनऊ में हुआ है जिसका Murder हुआ था और मैंने उससे भी बात की थी, आज वह 5 वर्ष का हो गया है अपने नए जन्म में, पीयूषजी को जन्म मिलने वाला है, सुदीपजी को जन्म मिल चूका है, मदन, दिव्या भारती उसको भी मैंने बुलाया था, वह भी मनुष्य बनकर जन्म ले चुकी है, एक राकेश था जिसको सुधारने के लिए पीयूषजी ने मुझसे डाँट पढ़वाई थी उसको भी फिर से जन्म मिल चूका है, और ऐसे कई Soul है जो कई बार कुछ ही वक़्त के लिए मुझसे बात की है पर जन्म मिल चूका है, और अब एक और james है जिसे जल्द ही उल्लू का जन्म मिलने वाला है Southafrica के जंगल में जो पिछले जन्म में अपनी पत्नी का मर्डर करने की वजह से कई वर्षों से भटक रहा था, अभी उसका transformation किया और अब वह तैयार है दूसरे जन्म के लिए।

तो कहने का तात्पर्य ये है कि शायद मेरी Soul का purpose, Soul को सुकून है, चाहे वह दूसरे जन्म से मिल रहा हो किसी Soul को या इस जन्म में Soul को सुकून मिल रहा है life teachings और blessings से, इन सब बातों से मुझे मेरे बारे में जानने की जिज्ञासा बहुत बढ़ती जा रही है।

अगले जन्म के बारे में मैंने आपको बताया पर पीयूष जी और उनकी टीम कमल से मुझे जो पता चला मृत्यु और अगले जन्म के बीच के कुछ राज, हम सब ने कहीं ना कहीं कुछ न कुछ अवश्य पढ़ रखा है या कई कहानियां सुनी है मृत्यु के बाद की, अलग अलग अनुभव और कहानी, तो एक कहानी मुझे भी बताई गयी पीयूष जी ने और कमल ने कि आखिर होता क्या है मृत्यु के बाद। तो चलिए ले चलते है आपको अगले Chapter में कुछ राज मृत्यु के बाद के।

CHAPTER 4

राज़ मृत्यु के बाद और जन्म से पहले :-

सबसे पहले हमने जाना कमल से, मृत्यु के वक़्त बहुत तकलीफ होती है, कमल ने बताया मृत्यु के बाद लगभग एक वर्ष तक soul पृथ्वी पर ही रहती है, मृत्यु के 15 दिन तक वह Energy वह soul उसी घर में अपने परिवार के बीच में ही रहती है, सबको देखती है, उनकी बातें सुनकर कई बार उन्हें बहुत तकलीफ भी होती है।

मैंने जब कमल को पूछा कि कैसा लगता होगा जब कई बार अपने ही परिवार के सदस्य की मृत्यु के बाद उनके परिवार वाले उनकी किसी आदत की वजह से उनकी बुराई करते है, तो कमल का कहना था बुरा लगता है उस Soul को जब वह अपने परिवार वालों को ही उसकी मृत्यु पर कभी खुश होते, तो कभी बुराई करते देखते है।

कमल ने बताया व्यक्ति कैसा भी हो उसकी मृत्यु के बाद उसकी कभी बुराई नहीं करनी चाहिए उसे किसी भी तरह आहत न करें चाहे वह कैसा भी हो और उसने जो भी किया हो अपने जीवन में।

मेरे पूछने पर कि क्यों न करें बुराई क्यूंकि कई बार कुछ लोग जीते जी बहुत तकलीफ देते है? तो कमल ने बताया कि मृत्यु के बाद Soul ईश्वर के पास जाती है और ईश्वर को तकलीफ होती है क्यूंकि अब वह ईश्वर का बंदा है।

कमल ने बताया मृत्यु के एक साल के बाद पिंडदान के बाद ही Soul को ऊपर जाने का मौका मिलता है।

ऊपर मतलब स्वर्ग?

जब हमने ऐसा पूछा तो कमल ने बताया स्वर्ग और नर्क जैसा यहाँ कुछ नहीं होता। बस जो गलत कर्म करके जाते है उन्हें थोड़ा अलग रखा जाता है उनके Realisation के लिए और उन्हें कहा जाता है कि अच्छे कर्म करोगे तो फिर से अच्छा जन्म मिलेगा।

हम हैरान थे ये जानकार अच्छे कर्म से क्या मतलब है कर्म तो यहाँ कर्म भूमि याने पृथ्वी पर करके ही तो स्वर्ग और नर्क के दरवाजे खुलते है।

कमल ने फिर बताया कि मृत्यु के बाद मुंशी जी कर्मो का हिसाब किताब करते है, हमने पूछा मुंशीजी कौन?

तब कमल ने बताया आप लोग जिन्हे यमराज कहते है उन्हें हम सब यहाँ मुंशी जी कहते है क्यूंकि वह पृथ्वी से आने वाली हर Soul को दरवाज़े पर यानि की Entry द्वार पर ही रोक लेते है और उसका हिसाब किताब करते है, उसे उस world के कुछ नियम बताये जाते है, कि यहाँ रहना कैसे है, जिनकी भी मृत्यु होती है और जैसे ही वह ऊपर जाते है उन्हें कहा जाता है कि अच्छे कर्म करोगे तो फिर से अच्छा जन्म मिलेगा, अच्छे कर्म से मतलब है जब Soul Form में लोगों की मदद करोगे तो अच्छा जन्म मिलेगा। जैसे पीयूषजी कर रहे है और लगभग 50 वर्षो बाद फिर उनके अच्छे कार्यों की वजह से एक बार फिर उन्हें physical body के साथ कार्य करने भेजा जा रहा है।

ये बात हमारे लिए बहुत ही नई information थी क्यूंकि हमने तो सुना और पढ़ा था कि यहाँ के कर्म के फल के रूप में हमारा अगला जन्म होता है, पर कमल ने जो बताया उस से मैंने एक और सवाल किया कि क्या यहाँ इस पृथ्वी के कर्म कोई मायने नहीं रखते, अगर अच्छे या बुरे हो क्यूंकि बुरे कर्म वाले को भी अगर ये कहा जाता है कि अच्छे कर्म यहाँ कर लो तो अच्छा जन्म मिलेगा।

तब कमल ने बताया Soul के कर्म चालू रहते है रुकते नहीं है, शरीर को छोड़ा है कर्मों को नहीं, तो कर्मों के हिसाब उसे कहते है जो शरीर के साथ और शरीर के बाद भी चालू रहते है और फिर कर्मों के हिसाब से अगला जन्म मिलता है।

मेरी जिज्ञासा ख़त्म नहीं हुई थी, मैंने फिर पूछा तो बुरे कर्म करने वालो में और अच्छे कर्म वालों में क्या अंतर हैं, तब कमल ने कहा, बुरे कर्मों का हिसाब जितना ज्यादा होता है उतना ही वक़्त लगता है अगले जन्म के लिए और कई Soul को 100 वर्षों से भी ज्यादा बिना शरीर के भटकना पड़ता है।

अच्छे कर्म करने वालों को कई बार दो वर्षों के अंदर ही नया जन्म मिल जाता है, जब किसी Soul के कर्म अच्छे नहीं होते तो कई बार उसे जानवर बना कर भेज दिया जाता है जिससे उसे Realise हो सके और फिर Realisation पर वापस भी बुला लिया जाता है।

पर ये Rules जो है वह बनाता कौन है? मेरा अगला सवाल कमल से, तब कमल ने उनके गुरूजी का नाम बताते हुए कहा हमारे गुरु सुमंत जी ही सारे नियम बनाते है और कब किसको पृथ्वी पर किस जन्म में पहुँचाना है ये सब वही तय करते है।सुमंतजी के बारे में कमल ने बताया कि उनके गुरु लगभग 150 वर्षो से इस पद पर है, सुमंतजी से पहले मोहनजी इस पद पर थे।

और इस पद पर रहने वाले गुरु को जब भी ऐसा लगता है कि उनकी Energy कम हो रही है वह अपना पद किसी और को सौंप जाते है और धीरे धीरे उनकी Energy कम होती जाती है और ये Energy यानि की Soul ब्रह्माण्ड में विलीन हो जाती है।

मोहन जी सुमंत जी के पहले इसी पद पर थे और विलीन होने से पहले उन्होंने सुमंत जी को गुरु बना दिया था, और ये ज़िम्मेदारी 30 दिन पहले दी जाती है, जिस तरह से हमारे 3rd डायमेंशन में Job छोड़ने से पहले Handover दिया जाता है, उसी तरह सुमंतजी को भी मोहनजी से उनका handover मिला था और सुमंतजी 150 वर्षों से इसी पद पर है।

कमल ने बताया कि उनके world में सब कुछ सफ़ेद होता है और वहां बहुत गर्मी रहती है, स्वर्ग नर्क जैसा कोई भी विभाजन नहीं होता बल्कि इंसान और जानवर भी सब साथ ही रहते है पर कोई एक दूसरे से बात नहीं करता जब तक कोई जरुरी Information शेयर न करनी हो।

वहाँ दिन रात कुछ नहीं होता और समय बहुत धीरे चलता है। Souls को पसंद होता है और अच्छा लगता है जब कोई बुलाकर उनसे बात करता है, बात करने का मतलब जैसे हम उनसे संपर्क करते है Chart Paper द्वारा उसी तरह कई लोग अलग अलग माध्यम से Soul से संपर्क करते है और उन्हें अच्छा लगता है और इसी बातचीत के दौरान Souls को serve करने का फिर मौका मिलता है जिस से उनका अगला जन्म उनकी मर्जी के मुताबिक हो या बेहतर जन्म मिल सके।

कमल ने बताया जब कोई बुलाता है और कुछ खाने का पूछता है तो उन्हें अच्छा लगता है, जी हाँ खाना, आश्चर्य की बात नहीं जैसे हम भगवान् के मंदिर में भोग चढ़ाते है उसी तरह उन्हे भी हम Offerings देते है और उन्हें अच्छा लगता है।

बहुत ही हैरानी हुई ये सारी बातें कमल से सुनकर, क्यूंकि हिंदी फिल्मो में तो काफी कुछ अलग Facts देखे है या कई बार सुने है।

पर मुझे तो साक्षात् Soul जो मृत्यु को प्राप्त हुए है और शरीर छोड़ कर 5th या उस से भी ज्यादा Higher Dimension में है उनके द्वारा जान रही हूँ तो संदेह कैसे करूँ।

और प्रमाण के लिए तो शरीर छोड़ना पड़ेगा जिसके लिए अभी कोई इच्छा नहीं है, तो क्यों न कमल की बात पर भरोसा कर ही लिया जाए, और झूठ की कोई वजह नहीं है कमल के पास इन कहानियाँ को सुनाने की।

अब आपका सवाल है की कमल कौन है, पीयूषजी को तो जान गए, अब ये कमल का क्या परिचय है, तो चलिए पीयूष जी और सुदीप जी के बारे में तो मैंने आपको बताया है कि काफी पुराना रिश्ता है, पर कमल से तो मेरा भी परिचय अभी अप्रैल 2024 में ही हुआ है।

चलिए अब आपको पीयूषजी की बेमिसाल टीम से भी मिलवाती हूँ, जिनको भी मैं इस दौरान जानी पायी हूँ पीयूषजी के जिक्र से, कभी पीयूषजी के काम से जब वह अपनी टीम से काम करने को कहते है या टीम की बातें करते है तो कई नाम सामने आये।

तो चलिए मिलते है पीयूषजी की बेमिसाल टीम से अगले chapter में।

CHAPTER 5

पीयूष जी की बेमिसाल टीम

AR की बेमिसाल टीम के बारे में तो मैंने आपका परिचय"करोड़ों की बातें" मेरी दूसरी बुक में करवाया था पर मैंने देखा जैसे हमारे पास team होती है ठीक वैसे ही soul world में भी उन्हें काम करने के लिए team दी जाती है और पीयूष जी की team से तो मेरी बहुत पुरानी मुलाक़ात हुई थी 2014 मे। और तब से अभी 100 souls की टीम बन चुकी है पीयूष जी की।

कमल उनकी टीम में नए आये है। ये सवाल मैंने पीयूषजी से पूछा तो उन्होंने कहा नहीं - मैंने पूछा तो अभी तक कमल के बारे में मुझे क्यों नहीं बताया उन्होंने कहा अभी तक जरुरत नहीं पडी।

चलिए सबसे पहले आपको उनकी टीम के विमल से मिलाती हूँ, जिस से हमारा परिचय 2014 में हुआ था तब तक हमें नहीं पता था कि पीयूष जी के पास या फिर इस वर्ल्ड में टीम के साथ काम होता है।

2014 में हम एक बार पीयूष जी के कहने पर और उनके बताये वक़्त के मुताबिक उन्हें बुला रहे थे, पर वह नहीं आये और chart paper पर एक बच्चा आया जिसने अपना नाम विमल बताया, उसने बताया पीयूष जी अभी मीटिंग में Busy है कुछ देर बाद आएंगे और ऐसा कहकर वह चला गया।

बाद में हमने पीयूष जी से पूछा तब उन्होंने बताया की वह मीटिंग में busy थे हमारे पूछने पर पीयूष जी ने बताया कि लगभग 200 souls के साथ उनकी मीटिंग थी।

हमारे लिए souls से ऐसी बातें सुनना बड़ी अचम्भे वाली थी पर संदेह की कोई गुंजाईश नहीं थी बल्कि ये कह ले हर बात एक नयी जानकारी थी उस नयी दुनिया की, जिसकी हमें ज्यादा जानकारी नहीं थी।

पीयूष जी को तो हम जानते थे पर विमल के बारे में जानकारी लेने की जिज्ञासा हुई तब उन्होंने बताया विमल 4 साल के बच्चे की soul है, जो उसी बिल्डिंग में रहता था जहाँ मैं रहती हूँ।

पीयूष जी ने बताया कि उसकी मृत्यु जब बिल्डिंग का निर्माण हो रहा था तब ऊपर से गिरने से हुई थी, तब वह 4 वर्ष का था, उसकी माँ उस बिल्डिंग में काम किया करती थी और उसने बच्चे को सुला दिया था, बच्चा उठने पर construction होती बिल्डिंग में माँ को ढूंढ़ने लगा, माँ वहां नहीं थी, बच्चा मात्र 4 वर्ष का था, गलती से ऊपर से गिर गया और उसकी मृत्यु हो गयी और तब से विमल वही रहता है।

पीयूषजी ने बताया विमल का जन्म 2026 में मुंबई के घाटकोपर में एक सिंधी परिवार में होगा।

उन दिनों विमल को हम कई बार चॉकलेट दे दिया करते थे क्योंकि वह बच्चे की soul थी, उसको पीयूष जी कई बार कहते थे कि वह हमें मुंबई छोड़ने जाया करे।ट्रेन में उसकी soul को पीयूष जी हमारा ख्याल रखने के लिए भेज दिया करते थे और हम हमेशा विमल को chocolates दे दिया करते थे।

अभी विमल बड़ा हो गया है उसकी soul की उम्र बढ़ती जा रही है तो अब पीयूष जी उसको बड़े बड़े काम भी कई बार देते है।

इस दुनिया में पूरा teamwork होता है, ऐसा पीयूषजी ने बताया।

अगर आपने मेरी '40 से 40 करोड़' बुक पढ़ी है, आप पाएंगे, Acknowledgement section में मैंने विमल को भी धन्यवाद दिया है।

तो अब विमल की soul भी जिसे अब नया जन्म मिलने वाला है, बस यही मैं देख रही हूँ notice कर रही हूँ, जो भी souls मेरे संपर्क में आती जा रही है उन्हें जन्म मिलता जा रहा है।

मैंने एक बुक पढ़ी थी हिमालयन योगी विषय पर जिसमे यही लिखा था कि कई souls अपने मोक्ष के लिए आपको चुनती है जब आप बहुत ही pure soul या सिद्ध soul होते है तो अब आश्चर्य नहीं होता जानकार कि क्यों मैं इन souls के संपर्क में आयी या ये शायद मेरा भी प्रारब्ध था और souls का कार्य मोक्ष या पुनर्जन्म के लिए।

मेरे लिए तो यह बच्चो वाला कोई खेल था, पर वास्तव में इस souls ने मुझे चुना था अपनी मुक्ति के लिए, मोक्ष के लिए, अपने नए जीवन के या जन्म के लिए।

उसी तरह हमारे गोलू जो black stray Dog है उसको 2025 में जन्म मिलने वाला है चंडीगढ़ में।

उसी तरह सुदीप जी कि तरह अब पीयूष जी भी एक नयी जीवन यात्रा शुरू करने जा रहे है 24th july 2024 से, जिस वजह से मेरी ये कोशिश है कि अगर ये बुक मैं उनके नए जन्म से पहले publish करा सकूँ और वह भी अपनी यात्रा अपने soul purpose को serve करके legacy बना रहे है और अपने कार्यों का reward non physical form में भी वह खुद सकेंगे।

यह बात लिखते लिखते एक और बात समझ आयी, अगर व्यक्ति चाहे तो वह कभी भी legacy के लिए तैयार हो सकता है, मृत्यु के बाद भी अपने कर्मों से आज पीयूष जी ने इतना कुछ कर दिया कि legacy के रूप में उनकी जीवन यात्रा उनकी मृत्यु के बाद भी लिखी जा रही है और हमेशा Amazon पर उपलब्ध होगी और Royalty के रूप में पीयूष जी मुझे एक Passive income देकर जा रहे है, यानि उन्होंने मुझे काम करने का Reward भी दिया, मैं जो उनके किये कार्य और यात्रा इतने ज्ञान के साथ दुनिया तक पहुंचा रही हूँ।

विमल के बाद पीयूष जी की टीम में है रवि जी, जिन्हे हम 2018 से जानते है, पीयूष जी कभी आह्वान करने पर भी नहीं आते तब रविजी उनके बारे में और उनका schedule बताते है हमें, और कई बार कुछ प्रश्नो का जवाब भी मिलता है रविजी से, बहुत ही अच्छी टीम है पीयूषजी की।

पुष्कर एक और नाम जो हमने कई बार पीयूष जी के जिक्र में सुना कई बार वह भी यात्रा में साथ होते है अगर कभी मुझे मेरी बच्ची अकेले भेजनी है तो कई बार में पीयूषजी से कहती हूँ कि Apple अकेले जा रही है, पीयूष जी अक्सर पुष्कर को कह देते है Apple को उसके destination तक छोड़ कर आने के लिए। इस बात से पता चला कि souls energy form में कई बार कई लोगों की रक्षा भी करते है वह हमें दिखते नहीं है पर कई बार हम कई बड़ी बड़ी मुसीबत से जब magically बच जाते है, हमें ये दूत ही है भगवान् के भेजे हुए जो हमें बचाते है और हमारी रक्षा करते है। पुष्कर भी पीयूषजी की बेमिसाल टीम का हिस्सा है।

और अब जिनसे मेरा अभी अभी मार्च 2024 में परिचय हुआ है वह है कमल, कमल का पूरा नाम कमल शर्मा है जो इंदौर के द्वारकापुरी कॉलोनी के रहने वाले है। कमल की मृत्यु 25 वर्ष की उम्र में हो गयी थी, वह इंदौर से बड़वाह अपनी बहन के बच्चे के बर्थडे पर जा रहे थे कि ट्रैन से गिर कर उनकी मृत्यु हो गयी, कमल की इस वक़्त soulage 45 वर्ष है और वह भी पीयूष जी की बेमिसाल टीम में है और बहुत ही बेहतर तरीके से काम करते है, serve कर रहे है।

कमल के बारे में जब मैंने पीयूष जी को पूछा तो उन्होंने कई नाम ऐसे बताये जिनको कमल support करते है अपने guidance से, उनमे कुछ नाम बॉलीवुड के भी थे।

privacy के अंतर्गत उनका नाम यहाँ नहीं बताया जा सकता।

जब मैंने कमल से पूछा तो उन्होंने भी यही बताया, कम उम्र से ही वह Celebrity manage कर रहे है, कई बार कमल की बातों से मुझे वह Attitude भी नज़र आया जो मुझे शुरू शुरू में लगा बात करके।

पर अब ये किताब लिखने में कमल ही मुझे कई बातें मृत्यु के बाद की बता रहे है क्योंकि पीयूष जी के अगले जन्म की तैयारी की वजह से पीयूष जी इन दिनों बहुत व्यस्त है, उन्हें काफी कार्य पूरे करने है।

कमल ने हमें बताया कई लोग जब soul का आह्वान करते है तो काफी लोगो के सवाल छुपे हुए ख़ज़ाने को लेकर होते है, पर जमीन में दबा हुआ धन के बारे में जानकारी बताना ये उनके दायरे में नहीं आता इसलिए ऐसा जवाब souls नहीं देते है।

पीयूष जी के जन्म के बाद आगे क्या, क्या मेरा इन सबसे संपर्क ख़त्म हो जाएगा या फिर जिस तरह सुदीप जी ने पीयूष जी को ये ज़िम्मेदारी दी थी, वह ज़िम्मेदारी पीयूष जी भी किसी को देकर जाएंगे, चलिए जानते है आगे क्या है next chapter में।

CHAPTER 6

आगे क्या?

लगभग 11 वर्षों से हम सब पीयूषजी को जानते है और जब भी कभी बहुत ज्यादा जरुरत पड़ी या मुसीबत आई हमेशा उन्होंने साथ दिया, अब जब 2019 से मैंने खुद समाधान करना सीख लिया, life अच्छी हो गयी तब पीयूषजी का जाने का समय भी आ गया, पर पीयूषजी के जाने के बाद आगे क्या?

क्या मैं फिर किसी soul का आह्वान करूँगी या नहीं, क्यूंकि 2019 से 2023 तक मैंने कभी किसी सोल को नहीं बुलाया और सफलता के रास्ते पर अकेले ही चल रही थी, पर क्यूंकि पीयूष जी का जाने का वक़्त यानि की इस पृथ्वी पर वापस आने का वक़्त आ गया है, तो हमें पीयूषजी ज्यादा से ज्यादा बता कर जाना चाह रहे है और इस बुक को लिखवाने का पूरा श्रेय पीयूषजी और उनकी टीम कमल को जाता है, जिन्होंने हमसे वह सारे रहस्य शेयर किये जो हमें इस 3rd dimension में रह कर नहीं पता थे पर अब पता है, पर इस बुक को लिखने के बाद क्या?

क्या फिर कोई Guiding soul होगी, हमारी टीम में पीयूषजी की तरह?

जी यही सवाल जब हमने पीयूष जी से पूछा तो उन्होंने बताया कि कमल आगे की journey में सहायक होगा और उन्होंने हमें कमल का Interview लेने को कहा।

कमल के interview में कमल की कई skill थी, बहुत power है ये पता चला और जैसा की कमल ने बताया की वह Bollywood की कई Celebrities को guide करते है, हमने कमल को इंटरव्यू में select कर लिया और पीयूषजी ने हमें बताई कमल की joining date 24th july 2024.

पीयूषजी ने कमल को भी काफी कुछ हमारे बारे में बता दिया और किस Area में कमल का support रहेगा वह सब बता दिया, job profile कमल का हमने पूछ लिया और पीयूषजी कमल को पूरा Handover july 15th तक दे देंगे और उसके बाद जैसे ही पीयूषजी का जन्म होगा 24th july 2024, तब कमल की joining हो जायेगी 24th july 2024, 5 pm से।

बड़ा ही interesting conversation था, पर सच बताये बड़ा अच्छा लग रहा था ये सब जानकर, जितना soul world के rules regulations समझ आ रहे है, पता चल रहा है वहां भी सब कुछ हमारी तरह ही हो रहा है, वही Team work, वही Rules Regulations, वहि hiring और joining, duties का handover, job profile, सब कुछ वैसा ही है। बस Dimensions का फर्क है और बाकि सब समान है।

तो ये सब जानने के बाद लगा क्यों न फिर कमल को Joining लेटर भी दे दिया जाए Anjana Reetoria company join करने के लिए Date और Time के साथ और हमने किया कमल का offer letter तैयार।

7th जून 2024 को हमारे Happiness Center में Event होने वाला था, जीत का जश्न Anjana Army का।

जिस Event का नाम था"Soulful बातें soul के साथ" जिसमे पूरी Anjana Army आने वाली थी, हमने Plan किया, क्यूंकि वह सब पीयूष जी और उनकी बेमिसाल टीम से मिलने वाली थी, सोचा इस से अच्छा Time कौन सा हो सकता है जब लगभग 25 Army Members आएंगे और पीयूषजी की पूरी टीम के साथ लगभग 3000 souls हमारे Event को join करेंगी, Historical Event था।

जब पीयूषजी से पूछकर Date Final हुई थी, तब पूरे Event की itinerary बनाई गयी थी, पीयूषजी के सारे Rules regulations का ध्यान रखा गया था, एक महीने से भी ज्यादा वक़्त से तैयारी चल रही थी।

जब मैंने पीयूषजी को पूछा क्या इतने बड़े group में इस तरह पूरी टीम के साथ आना और सबसे मिलवाना सही होगा, जिसमे पीयूषजी ने बताया था की वह सबको surprise करेंगें ऐसा Event पीयूषजी की दुनिया में भी कभी नहीं हुआ था उन्होंने बताया ऐसा पहली बार हुआ है जब इतनी सारी soul Energies एक Event के लिए तैयार है।

खाने का Menu तय किया जा रहा है, मिठाइयां कौन लेकर आ रहा है और किस city से कौनसी special मिठाई आनी वाली है ये सब discuss हो रहा था।

सबकी flights और train की Tickets बुक हो गयी थी और Army में सब बहुत ही excited थे, बड़े बड़े काम करने है इस पृथ्वी पर और Army के बहुत बड़े मकसद है यहाँ पर serve करने के लिए।

तो मैंने और पीयूषजी ने ये तय किया की कमल से Offer Letter सबके सामने ही sign करवाया जाएगा। कमल को पूछने पर वह भी मान गया और Finally हमारी मुंबई की मैनेजर सोनाली पँवलकर ने बहुत ही अच्छे शब्दों में कमल शर्मा के नाम का offer letter तैयार करवाया, पर sign कैसे होगा ये तो soul है, एक एनर्जी, शरीर से किया गया काम कैसे हो सकता है?

मैंने decide किया कि offer letter पर मैं ink drop कर दूंगी और क्यूंकि Energy कटोरी में होती है, कटोरी उस पर जाकर उस से signature करके commitment कर सकती है कि कमल 24th july, 5 pm पर Anjana Reetoria company join कर रहे है।

7th June आ गयी, Plan के मुताबिक सब कुछ वैसे ही हुआ, शाम को पीयूषजी और 3000 souls और Army के सामने कमल ने offer letter पर signature कर दिए, यहाँ पर Image मैं आपके साथ शेयर कर रही हूँ।

Appointment Letter

To,
Mr. Kamal Sharma
Dwarka Puri, Indore

Subject: Appointment as Anjana Reetoria's Oracle

Dear Mr. Sharma,
This letter is to formally offer you the position of Anjana Reetoria's Oracle at Anjana Reetoria Company, effective 24th July, 5pm. We are thrilled to welcome you to our team.

We were very impressed with your qualifications and experience during the interview process. Your skills and knowledge seem to be a perfect fit for this role. We are confident that you will be a valuable asset to our company.

This position is opening due to Piyush Ji's transition to a new role. We are looking for someone who can seamlessly integrate and contribute from day one. We believe you and your exceptional बेमिसाल teams experience aligns well with the current needs of the AR team.

In the coming six months, we will focus on the following committments which you are bound to fulfil:

ANJANA REETORIA COMPANY
Reg. Office 714, TULSI NAGAR, NIPANIA ROAD, OPPOSITE A[illegible]LO DB CITY.

तो इस तरह 7th जून को कमल ने किया Offer letter sign और पीयूषजी के अनुसार अब आगे कमल काम करेंगे, एक बात बहुत ही अच्छे से समझ आ गयी है कि अगर इस पृथ्वी पर आपको कई बड़े काम करने भगवान् ने भेजा है तो ये उन्ही की ज़िम्मेदारी

है कि वह आपको सेना भी देंगे, जैसे की अंजना Army भी वही सेना है और पीयूषजी की बेमिसाल टीम भी वही मदद करेंगी।

कमल जी और पीयुष जी ने कई बड़े काम की नीव शुरू करवाई इन तीन दिनों के"soulful बातें" Event में।

इस Event ने जिस तरह के काम की ज़िम्मेदारी ली है, आगे क्या क्या किया जा सकता है मानव कल्याण के लिए, ये समझ आ गया जब पीयूषजी ने अपनी टीम से कमल दिया।

आगे क्या है ये तो आगे की यात्रा ही बताएगी पर जी हां, पीयूषजी की ये"प्रारम्भ से प्रारब्ध तक" की यात्रा थी, है और आगे भी रहेगी। जो शुरू हो रही है 24th जुलाई, शाम 4 बजे।

जब वह फिर एक बार इस पृथ्वी पर एक लड़की के रूप में जन्म लेने वाले है। उम्मीद ही नहीं, भरोसा है कि पीयूष जी से 15th जुलाई को आखरी मुलकात नहीं है बल्कि उनकी अगली यात्रा और मेरी इस जीवन यात्रा में हम एक बार फिर मिलेंगे, कमल की मदद से और कब वह बच्ची जिस का नाम ज़ुबेदा रखा जाएगा वह मिलेगी।

तो इस यात्रा में फिर एक बार आपको शामिल करुँगी कुछ और नयी सोल journey के साथ कुछ और नए अनुभव के साथ, कुछ और नयी souls की कहानी, उनके मोक्ष की कहानी, उनकी मुक्ति की कहानी, उनके अगले जन्म की कहानी, या फिर उनके प्रारब्ध की कहानी में।

अभी मैं आपकी अंजना रितोरिया आपसे विदा लेती हूँ और जल्द से जल्द ये कोशिश है कि इस किताब को 15th जुलाई से पहले Publish कर सकूँ, दे सकूँ पीयूषजी को Gratitude, उनकी यात्रा में मुझे शामिल करने के लिए, और मेरी यात्रा में इतनी बड़ी मदद और Guidance के लिए।

"प्रारम्भ से प्रारब्ध तक" पीयूषजी की यात्रा है पर मेरी एक ज़िम्मेदारी है उस soul के लिए जिन्होंने मुझे एक लम्बे समय तक कई बार राह दिखाई, hope दी और इतना strong बना दिया कि आज मैं मेरे जैसी अंजना बना सकती हूँ इस पृथ्वी पर कल्याण के लिए अपना और अपनों का।

पीयूष जी आपको ह्रदय से धन्यवाद मेरे और मेरे पूरे परिवार की और से, मेरी Army की और से, और कई वह Souls जिनकी आपने इस जीवन में मदद की है।

आप महज़ एक Energy या nonphysical form में एक soul ही नहीं है, बल्कि एक बहुत बड़ा example बने है उनके लिए जो आने वाले जीवन के आखरी पड़ाव पर है और अगर ये सोच रहे है कि किसी वजह से वह अपना इस पृथ्वी पर नाम नहीं कर पाए या अपनी Legacy नहीं बना पाए, आप से उन्हें बहुत बड़ी सीख मिलेगी कि कर्म की यात्रा physical form तक ही नहीं है बल्कि पृथ्वी का 3rd Dimension छोड़ने के बाद भी अगर कर्म की यात्रा जारी रखे तो आप अपनी legacy कभी भी बना सकते है और दुनिया छोड़ने के बाद भी दुनिया में नाम छोड़ सकते है, जैसे आज आपके नाम से ये book आपके कार्यों की वजह से ही लिखी जा रही है, आपने इतने कर्म किये है और करते जा रहे है। लगभग 50 वर्षों से ज्यादा आपने सेवा दी है तो फल को कौन रोक सकता है?

आपकी कहानी बहुत बड़ा example बनेगी पृथ्वीवासियों के लिए कि अपने कर्म की यात्रा जारी रखें और किसी भी उम्र से किसी भी form में इस पृथ्वी पर नहीं, बल्कि पृथ्वी छोड़ने के बाद भी ऊपरवाला आपके कर्मों के rewards के लिए अपने बन्दे तैयार रखता है जैसे कि मुझे चुना गया कि मैं पीयूषजी को legacy के लिए मदद कर सकूँ इस बुक के माध्यम से।

ऐसा लगता है मैं पीयूष जी की मदद कर रही थी Legacy के लिए या पीयूषजी ने मदद की मुझे यहाँ तक लाने के लिए, मुझे इतना बड़ा guiding soul बनाने के लिए या फिर पीयूषजी ने मुझे "एक divine soul" को ढूंढा अपनी legacy के लिए।

कई सवाल है जिनका इंतज़ार रहेगा क्यूंकि मुझे मेरे गुरुजी कहते है कि"हर सवाल का जवाब नहीं होता इंतज़ार होता" है।

इंतज़ार रहेगा पीयूषजी कई जवाब पाने के लिए, मेरी पिछली यात्रा और अगली यात्रा के प्रारब्ध जानने के लिए।

जीवन यात्रा समाप्त कभी नहीं होती बल्कि मृत्यु के बाद तो शुरू होती है जब आप शरीर की limitations से बाहर निकल कर बहुत कुछ कर सकते है और पा सकते है

बड़े बड़े rewards legacy के रूप में जहाँ आपको आपके कर्मों की वजह से इस पृथ्वी पर हमेशा याद रखा जाएगा।

इस प्रार्थना के साथ पीयूष जी को हम सबकी तरफ से बहुत सारी शुभकामनाये अगली यात्रा के लिए"प्रारम्भ से प्रारब्ध" तक एक बार फिर।

दिल से धन्यवाद पीयूषजी सब कुछ बताने के लिए सब कुछ करने के लिए और बहुत कुछ करवाने के लिए, मैं तो महज़ एक पात्र थी, रौशनी आप देते गए मैं तो मार्ग पर सिर्फ चल रही हूँ, और चलती रहुँगी, तब तक चलना है जब तक जो प्रारम्भ किया है उसके प्रारब्ध तक न पहुँच जाऊँ।

फिर मिलेंगे अगली यात्रा में कुछ नयी जानकारियों के साथ कुछ सफल कहानियों के साथ आपकी अंजना रितोरिया का आप सबको नमस्कार और ढेर सारी शुभकामनाएं और आशीर्वाद आपकी soul journey के लिए आपकी सफलता के लिए।

Acknowledgments

"40से40करोड़" और "करोड़ोंकीबातें" सेबहुतहीअलगविषयहैतोacknowledgments भी अलग ही होंगे। सुदीपजी से शुरू हुई ये soul journey जो पीयूषजी के नाम इ किताब उनकी यात्रा तक पहुँच गयी जिसमे हर soul जिनसे मैंने इस चार्ट पेपर के माध्यम से बात की उन्हें तो मैं धन्यवाद कहना ही चाहूंगी की उन्होंने अपनी यात्रा में मुझे शामिल भी किया और एक दूसरे Dimension की बहुत अच्छे से जानकारी भी दी।

5th Dimension अगर नहीं पढ़ती तो ये सिर्फ खेल लगता और हिमालयन योगी पर किताब न पढ़ती तो मुझे मेरे और इन souls का connection कभी नहीं समझ आता।

पर हर soul के साथ मैंने बात भी की और कई souls को जन्म भी मिला पर कई नाम मेरे पास वह है जिनका जिक्र या नाम मैं यहाँ करना चाहूंगी जिनको मैं सिर्फ उनके नाम से जानती हूँ पर ४० का नंबर मेरे साथ काफी समय से जुड़ा है तो ४० बच्चों के नाम यहाँ लेना चाहूंगी जो कम उम्र में ये दुनिया छोड़ चुके है और 6 वर्ष से 14 वर्ष के 40 बच्चे है जिनका नाम पीयूषजी ने बताया है। इस किताब को लिखते लिखते नंबर 41 हो गया।

सुमन, पंकज और राहुल ये नाम तो पता थे पर पीयूषजी ने बताया अभी उनके पास 41 बच्चों की टीम है, मेरी ईश्वर से प्रार्थना है इन बच्चो को एक बार फिर इस पृथ्वी पर मनुष्य का जन्म मिले इन्हे ऐसे माता पिता मिले या परिवार जिनसे इनकी यात्रा अच्छे से पूरी हो सके और ये अपना प्रारब्ध पूरा कर सकें।

कहते है souls अपने माता पिता स्वयं choose करती है, मैं चाहूंगी जितनी भी महिलाएं है जो शादी के कई वर्षों तक माँ नहीं बनी है, हम सब ईश्वर से प्रार्थना करें की इन बच्चों को मेरे इस प्रयास द्वारा माता पिता मिल सकें और ये soul फिर एक बार मनुष्य जीवन में आकर पति पत्नी को माता पिता बनने का सौभाग्य प्रदान करें और अपने प्रारब्ध की

यात्रा शुरू करें, हो सकता है यही मेरा भी प्रारब्ध है इस जीवन का, soul को सुकून physical form हो या non physical form फर्क नहीं पड़ता, energy है और हर energy का प्रारब्ध है जिसे पूरा करना जरुरी है, प्रारभ्ध से ही होगा जन्म और मृत्यु के फेर से बाहर निकलना और इस ब्रह्माण्ड में विलीन होना।

आज मैं अंजना रितोरिया ईश्वर से प्रार्थना करुँगी कि जिन बच्चो का नाम यहाँ दे रही हूँ, अगली किताब लिखने का मौका मिला तब तक हर बच्चे को एक परिवार मिल जाए, life coach होने कि वजह से मेरे पास ऐसे कई नाम है जिन्हे जरुरत है कि कोई soul decide करें कि वह उनके माता पिता बने, क्यूंकि कई बार हम योग्य नहीं होते माता पिता बनने के लिए, इसलिए नहीं कि शरीर में कमी है इसलिए की व्यवहार सही नहीं है बच्चे को पालने के लिए और पति पत्नी का जब आपस में व्यवहार सही नहीं होता या वह अपने जीवन में परेशान है या पारिवारिक माहौल सही नहीं है, soul डरती है उस हर में आना।

मैं चाहूंगी अगर कोई ऐसा couple है जो ये किताब पढ़ रह है और माता पिता बनना चाह रहे है एक बार ईश्वर से वादा कर दीजिए कि जो भी soul आएगी आप उसका अच्छे से ख्याल भी रखेंगे और उसे उसका प्रारब्ध पूरा करने में मदद भी करेंगे।

मैं और आप मिलकर इन सभी बच्चो को यकीन दिलाएंगे कि उनका स्वागत है हमारी दुनिया में तो यकीं मानिये बच्चो की soul ईश्वर से वापस आने की ज़िद्द करेगी तो ईश्वर उन्हें आपके गोद में भेज ही देगा।

इन बच्चों के नाम इस प्रकार है जो मुझे पीयूषजी ने दिए है।

01] नमन

02] सूरज

03] मयूरी

04] किशन

05] गोपी

06] बाबू

07] ओंकार

08] अनुषा

09] राहुल

10] सुमन (इस बच्ची को माता पिता दिलाने की प्रार्थना मैं कर चुकी हूँ और वह स्वीकार हो चुकी है, जल्दी ही ये सफलता की कहानी मैं आपको सुनाऊँगी)

14] मिली

15] मधु

16] नमन

17] chocolate ये एक बच्ची है

18] उमराव

19] समीर

20] मयंक

21] गोपाल

22] तुलसी

23] दीपक

24] james

25] काजल

26] टीटू

27] रोहन

28] मनोज

29] दीपा

30] वरुण

31] प्रकाश

32] चन्दन

33] कैलाश

34] विनय

35] मिष्ठी

36] बादल

37] तिलक

38] प्रमिला

39] जय

40] नूपुर

41] गोलू।

तो दोस्तों बस यहीं ये सफर में, मैं आपसे विदा लेती हूँ, ये बुक मैंने 14 मई 2024 से लिखना शुरू की, 10 दिन से भी कम समय मिला इस किताब को लिखने का क्यूंकि समय पर पब्लिश हों ये जरुरी है, अगली बार जब भी मौका मिलेगा 5th Dimension पर विस्तार से बात भी करुँगी और जानकारी भी दूँगी।

अपने 50 वर्ष इस पृथ्वी पर पूरे करने जा रही हूँ, चाहूंगी कि 50 th year मैं इन 40 बच्चो को एक बार फिर ईश्वर से प्रार्थना कर कई परिवारों में बच्चों की किलकारी भेज सकूँ और इन बच्चो को माता पिता का प्यार मिले और अपना प्रारब्ध पूरा करने के लिए एक और अवसर।

ईश्वर के आशीर्वाद से इस वर्ष होने वाले माता पिता को पहले से खुशियों की बधाइयाँ।

Conclusion

"प्रारम्भ से प्रारब्ध तक", पीयूषजी की यात्रा 14th मई से लिखना शुरू किया था, ज्यादा वक़्त नहीं दे पायी अपनी व्यवस्ता की वजह से, पर पूरी कोशिश की है कोई त्रुटि न हो, इस किताब का समय पर publish होना जरुरी था, जो मैं कर पायी।

एक Soul जो मृत्यु के बाद भी अपना कर्म कर रही है उनके बारे में दुनिया को बताकर मैंने भी अपना कर्म और धर्म पूरा किया, ये किताब मेरा उनको Gratitude है दिल से।

पूरी किताब को पढ़ने के बाद Conclusion ये है क्या ये सब सच है? क्या वाक़ई हम Soul से बात कर सकते है, या फिर ये मन का कोई वहम है, या हमारे Subconscious mind की उपज।

जो भी हो मैं तो बस इतना कहना चाहूंगी कि सच क्या है ये जानने कि बजाय हम ये देखे कि अगर मन के वहम से भी मुझे सुकून मिल रहा था, hope मिल रही थी और आज मैं ऐसी जगह आ गयी हूँ, जहाँ कई परिवार को hope मिल रही है और उनकी जिंदगी संवर रही है तो ये वहम अच्छा है।

वैसे भी प्रकृति के अपने कई राज़ है जो राज़ ही रहने दे तो अच्छा है, बस प्रकृति के साथ मिलकर अपना और अपनों का कल्याण हो रहा है तो होने दे, क्या फर्क पड़ता है सच और झूठ से।

जिसने देखा और अनुभव किया वह उसका सच है, न देखने वाले के लिए सब झूठ है। इसलिए इस पृथ्वी पर सच और झूठ की कोई परिभाषा नहीं है और मापदंड नहीं है, सच और झूठ अनुभव पर आधारित है।

कई वर्षों का अनुभव आपके साथ share किया और आगे भी जब भी जानकारी मिलेगी इस विषय पर आपके साथ शेयर करना चाहूंगी, तब तक मैं चाहूंगी कि scientifically अपने आप को इन विषय पर aware करने के लिए Earth के Dimenisons पर बुक पढ़े, जानकारी ले, frequency और Vibration पर ज्ञान ले तो ये किताब बहुत ही अच्छे से समझ आएगी।

पीयूषजी, मैं और आप, हम सब Energies है और आपस में communicate करने के लिए हम सबको same frequency पर vibrate करना होता है, अगर वह संभव है तो पीयूषजी जैसी कई pure Soul से communication संभव है। 3rd Dimension को छोड़कर Higher dimension में हर energies आपके support के लिए तैयार है, pure Soul बनना सबसे बड़ी शर्त होती है इस dimension की, बाकी इस पृथ्वी पर सब संभव है।

चलिए इसी के साथ आपसे विदा लेती हूँ, फिर मिलेंगे मेरी अगली बुक के साथ।

Lots of love and blessings
Author Anjana Reetoria

चलते चलते

एक बात कहना चाहूंगी आप सबसे, जिस तरह मैंने ये किताब पीयूषजी के Guidance में पूरी की, कई तथ्य जो मुझे नहीं पता था वह सब पीयूषजी और कमल ने बताये, वह इस चार्ट पेपर के द्वारा लिखकर मुझे बताते जाते.

मैं ये बुक पीयूषजी को भेंटस्वरूप देना चाहती हूँ, इस Example के साथ कि पीयूषजी इस दुनिया में नहीं है, ये दुनिया से विदा लिए उन्हें लगभग 50 वर्ष से भी ज्यादा वक़्त हुआ है, पर देखा आपने मृत्यु के बाद भी legacy संभव है।

अगर हम अपने कर्मों की cycle न रोकें तो पृथ्वी छोड़ने के बाद भी royalty और legacy संभव है, किसी ने कहा है"या तो कुछ ऐसा लिख जाइए कि दुनिया उसे पढ़े, या फिर कुछ ऐसा कर जाइये कि दुनिया उसे लिखे।

और पीयूषजी ने वह कर दिखाया, जीते जी पीयूषजी ने इस पृथ्वी पर क्या किया था इसका हिसाब तो नहीं है मेरे पास पर पृथ्वी छोड़ने के बाद कितना कार्य और कर्म किया है कि आज उनके बारे में दुनिया में लिखा जा रहा है और आप पढ़ चुके है"प्रारम्भ से प्रारब्ध तक पीयूषजी कि यात्रा।

और जिस तरह इस किताब को मैंने कमल और पीयूषजी के guidance में लिखा

हमने पीयूषजी से कहा जाते जाते हमें वह कुछ देकर जाएँ, Apple ने कहा कि क्या वह कुछ drawing कर सकते है कुछ रंगो से, जैसे रंग उन्होंने हमारे जीवन में भरे।

पीयूषजी मान गए और हमने chart paper पर उन्ही के guidance में कुछ colors डाल दिए और उन्होंने कटोरी के माध्यम से कुछ draw किया, ये है पीयूषजी का गिफ्ट उनकी याद हम सबके लिए।

24th जुलाई को हम सब पीयूषजी को याद करेंगे और प्रार्थना करेंगे कि 4 pm जब वह इस पृथ्वी पर फिर से जन्म ले, उनकी ये प्रारब्ध की यात्रा बहुत ही ख़ूबसूरती से शुरू हो और सफल हो।

आप सबसे से मेरी प्रार्थना है एक बार उनके जन्म के दिन 24th जुलाई 4:14 minute evening को अगर हम उन्हें याद कर सके उनके इस नयी यात्रा के लिए नए जीवन के लिए, नए जन्म के लिए पुनर्जन्म के लिए।

पीयूषजी फिर शुरू करेंगे एक नयी यात्रा नए रूप में नए शहर में नए नाम से नयी यात्रा, शायद फिर किसी न किसी रूप में हम फिर इस यात्रा में शामिल हो तब तक के लिए पीयूषजी को ये किताब हम सबकी और से सप्रेम भेंट हार्दिक धन्यवाद.

Anjana Reetoria

Author 40 se 40 crore First Book and Second book Karodon ki Baatein both in hIndi and English are availalable

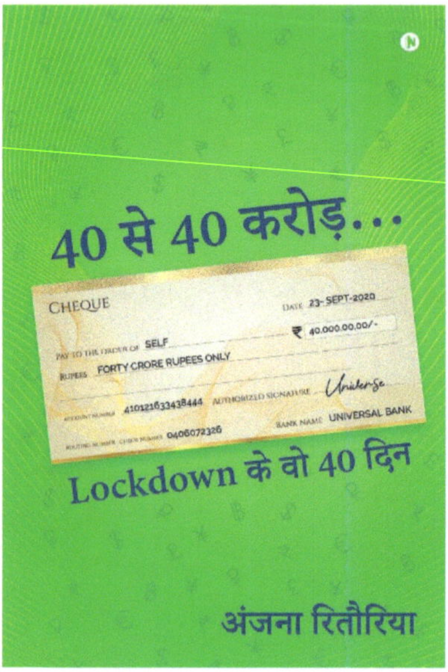

YouTube- Anjana Reetoria

Instagram - 40se40crore
Facebook - Anjanaa Reetoria, Author
Email Id - 40se40crore@gmail.com
Websites - For courses and webinars - anjanareetoria.com
Happiness Center (Old age Home)
anjanashappinesscenter.com